中國古代的鬼魂與宗教生活

蒲慕州 著

黃咨玄 譯

中譯本序

本書原以英文寫作，書名為 *Ghosts and Religious Life in Early China*，二〇二二年由英國劍橋大學出版社出版。相關出版緣由，在英文版序言中已經說明，在此不再重複。必須補充說明的是，中譯本譯者黃咨玄博士在翻譯過程中發現許多錯誤，尤其是注腳中體例不一，現在在中文版中已盡量改正，在此要特別致謝。

有關引用資料方面，由於本書原以英文寫作，為方便英文讀者，書中有關歷史背景之參考資料，多引西文著作，中日文方面的作品，尤其是現代學者之研究成果，相對較少列出在參考文獻中。中文原始資料則盡可能引用。如今中譯本出版，原始材料均引用原文，不再翻譯成白話。原英文版中有關英譯之資料亦不再列出。感謝聯經出版事業公司編輯同仁的協助，使本書得以順利出版。

目次

前言

令人感到諷刺的是，在與一個對生活充滿熱情和習慣以嚴肅智性審視周圍事物的人生活多年之後，我反而開始寫一些關於鬼的、死亡相關的，以及一些常常無法用理性和邏輯解釋的無形之物的話題。任何人如果願意花費漫長的時間去描述任何一個文化中鬼的歷史，都得有很好的理由，更不用說嘗試建立對於古今人類社會中的鬼的通盤理解。至少，鬼的概念現在仍然是活生生的，甚至在世界上一些地方還很蓬勃發展。而與鬼概念相關的文化隱喻則可能更加普遍。因此，我們幾乎不能期望人們能就鬼的概念在古代或現代人類社會的影響上達成任何共識。然而，鬼似乎是人類文化和社會的重要組成部分，而且很少有社會能夠說真的沒有發展出某些關於鬼或是關於人死後依然存在的想法。為了對一個民族或一種文化能有全面的認識，調查他們不僅對生者還有死者的看法應該是合乎邏輯的。

當然，至於一個人是否或為什麼要進行這樣的研究，則並不一定是完全理性或客觀的。這本書可以說是源於我個人對信仰、信念和宗教現象的極大好奇，而其中鬼的觀念占據了一席之地。我們應該如何理解這種現在被稱為「宗教」的現象？我們又應該如何解釋人類與人外力量（the extra-human forces）之間的拉鋸戰——這種拉鋸構成了宗教的歷史，甚至可以說是歷史本身？

作為一名歷史學家，我對宗教在人類眾多社會中的歷史和社會文化層面留下的影響更感興趣。雖然我沒有在宗教的靈性、哲學或神學等多個方面接受過適當的訓練，但對宗教的好奇使我尋求一種不那麼傳統的方式來研究宗教事物。我不討論神聖的本質和目的是什麼，也不研究神或諸神是否存在，而是將注意力集中在鬼的現象上，而且不僅觀察中國，也觀察其他社會。這是因為，正如我試圖在本書中闡明的，鬼的概念在所有人類社會中幾乎與（諸）神一樣普遍，但這種現象似乎還沒有得到足夠充分的重視。鬼的概念如何產生？它如何影響每個社會？它又能如何幫助我們進一步瞭解人類？

所以，這本書是帶著比較研究的心態寫成的，儘管我的學術訓練和本書的有限篇幅都不允許我展開與其他社會的全面比較。不過，我確實嘗試在第一章和最後一章中進行一些初步的比較觀察，以便將中國的研究案例置於人類多元社會的適當脈絡中。這些觀察旨在邀請更多感興趣的學者加入討論，而不代表所有可以研究的問題和課題都已經被窮盡。

本書中的大部分材料以前都曾以書籍章節、期刊論文、會議論文或特邀演講等各種形式呈現；因此，我得到了許多同事和學生的批評和幫助，對此我深表感謝。在這裡我要感謝匿名審稿人，他們幫助糾正了許多錯誤並修正了我對材料的一些理解。儘管缺點在所難免，我希望這本書也許可以作為更深入研究的開端，並推進我們理解人類的總體目標。最後，我想把這本書獻給我的人生伴侶秉真，她時刻提醒我距離我所追求的目標尚有多遠。

第一章

鬼：人性的另一面

詩人、評論家、歷史學家、考古學家、藝術家像召魂者一般度過他們的職業生涯，喚醒死者以進入他們的想像和體驗，這是人類一種普通但又可能必要的消遣。[1]

一、論鬼

在現代漢語中，「鬼」的概念或術語經常出現，儘管如今人們可能並不真正相信有鬼。我們經常聽到諸如「見鬼」（當不可思議或難以想像的事情發生）、「鬼打架」（無能或不負責任的人鬧成一團的混亂局面）、「鬼迷心竅」（一個人的心智被鬼迷惑）或「鬼話連篇」（胡說八道）等說法。所有這些表達都暗示了一種普遍的看法，即「鬼」一詞具有負面含義，是邪惡或有害的。它給人們帶來混亂、恐懼和焦慮，更不用說鬼魅般幽靈所能造成的真正傷害了。不過也有兼具鬼和神、意思較為中性的用詞，它們通常表示一定的敬畏和驚奇。例如「鬼神莫測」（鬼和神都不能預測）、「鬼斧神工」（透過鬼的斧頭和神的工藝技術才能完成，意指文物的工藝水準極高），或是「神出鬼沒」（如同神一樣的出現，鬼一般的消失）。值得注意的是，當「鬼」一詞單獨出現在文本或對話中時，通常具有否定意義，但當它與「神」一詞連同出現，其含義通常是中性的，且實際上可能與神具有相同意義。

1 Vermeule 1979，頁四。

這與古代文獻中「鬼」和「神」這兩個詞彙的使用方式有所關聯。關於這一點，我們將在第二章詳述。

此外，在漢文化世界的許多地方，人們仍然很重視鬼。人們經常會遇到某些鬼附身在施術者身上的宗教儀式，或道士為驅除邪靈而進行的驅鬼儀式。在台灣和許多海外華人社區，人們仍然過中元節和鬼月——所謂的鬼月即農曆七月，該月餓鬼從地獄（佛教術語）中被釋放出來並在世間尋求食物供養。[2]人們會避免在這個月結婚，建築工程往往在這個月之前或之後動工。在二戰後的台灣和香港，大量的流行電影利用了人們對鬼故事的好奇，新編或改編傳統文化來作為創作題材。清代作家蒲松齡（一六四〇—一七一五）的《聊齋志異》是現代鬼片的源泉寶庫。[3]然而蒲松齡還有他的前輩。宋代作家洪邁（一一二三—一二〇二）給後世留下了一部名為《夷堅志》的故事集，其中就保存了許多鬼故事。[4]在宋代之前，有大量關於鬼魂怪事的短篇小說，其起源甚至可以追溯到先秦。其中特別值得注意的是來自唐代的傳奇和故事，[5]以及「志怪」——意指關於鬼魂的超自然事件的一些故事集，流行於六朝時期，統稱志怪。這些故事大多已失傳，僅見於後來作品的摘錄，特別是有宋代文學百科全書之稱的《太平廣記》。[6]我們可以將這個文學傳統進一步追溯到漢代甚至更早的時代，由於我們將在接下來的幾頁中討論這一點，在此可以先說的是，鬼的概念是現代中國語言和文化活生生的一個部分，而有關鬼的說法在中國社會有著悠久的傳統。即使在現存最早的文字——商代甲骨文——中，「鬼」因為經常被懷疑給國王和王室帶來疾病，也已經占有突出地位了。

追溯鬼現象之所以流行的根源，其實與人類生命的永恆謎題相關，那就是不可避免的死亡。當我們的生命越過白晝的邊界，進入那個未知的「幽都」——西元前三世紀《楚辭》中給冥界的名字——

時，我們將去向何方？又會發生什麼？當生命結束是否就是終結，或是還有別的什麼？人們從很早就開始有各種各樣的猜想。一些古代哲學家，出於他們的理性思維，否認來世的存在。西元前三世紀哲學家莊子的著作中有著這樣的一個故事，當莊子的妻子去世時，一位朋友發現他並不悲傷，反而坐著鼓盆而歌。他的朋友很不以為然，問他為什麼表現得如此冷酷無情。莊子提出他著名的宇宙觀並解釋說，人體出生時是由「氣」凝結而成；而當人死後，這股氣會再度散入宇宙。所以生死是宇宙中氣的自然運行，沒有什麼可悲的。[7]古希臘哲學家阿布德拉的德謨克利特（Democritus of Abdera，約西元前四六〇—三七〇年）也表達了類似的觀點，他認為原子（atom）是構成宇宙萬物的基本元素，原子的功能就與氣非常相似。然而莊子和德謨克利特只是兩個極端的例子。他們的觀點顯然無法為東西方的普通人提供令人滿意的答案，來回應生命的起源和終點，或者死者是否能夠以另一種形式在另一個地方生存等問題。無論如何，早在任何思想家能夠提出解釋或推測之前，社會中所流行的信仰或積累的智慧就已經提供了一些解決方案。對於那些假設除此之外另有生命或世界的信仰系統，它必須假設

2 關於追溯這一概念在中國早期發展的研究，請見：Teiser 1988。
3 蒲松齡：《聊齋志異》。關於研究《聊齋》鬼故事的英文研究，請見：Zeitlin 1993，2007；Kang 2006。
4 洪邁：《夷堅志》。請見：李劍國一九九七，頁三三五—三五七。利用《夷堅志》來研究宋代宗教生活的有：Davis 2001。
5 請見：李劍國一九九三。
6 最具開拓性的研究，請見：魯迅一九八六。魯迅的研究如今得到李劍國的延伸拓展，請見：李劍國一九八四，二〇一一。
7 《莊子集釋》，頁六一四—六一五。

一個人死後會以某種形式繼續存在，無論稱之為靈魂、幻影還是鬼。此外，這種形式必須具有人類思維可以想像的某些屬性，無論是顏色、形狀還是重量。因為，無論好壞，人們假設這個存在會進入那個未知的死後世界。也正是這種存在，無論是否討人喜歡，有時會回到活人的世界，導致生者與死者之間的所有問題，這也就是本書的主題。

由墓葬和陪葬物品提供的證據看來，鬼的概念一定始於史前時期。合理的假設是，如果這些陪葬物品是為死者在陰間使用所準備的，這意味著提供這些物品的人一定已經假設——無論這個假設多麼模糊——死者有使用這些物品的一定行為能力。但這一假設只有在書面證據的情況下才能被證實。下面我們將看到，雖然不同社會的人們對鬼的形態和能力，以及鬼與活人關係的假設可能不同，但所有的社會都基本假設鬼具有一定的行動能力，即使它們像《荷馬》中提到的鬼影一樣微弱。那麼，鬼在人類社會中的意義是什麼，我們為什麼要研究它們呢？我們將在接下來的章節中逐步展開這些問題，探索答案。

鬼概念的起源雖然在無跡可循的史前時期，但一旦產生，人們就必須得對鬼的特徵、性格、與生人世界的關係等有一套相應的假設，使人們可以與之相通和互動。也就是說，通過想像建構出一個可識別的形象，這種想像最後會在人們心中獲得了仿若真實的地位，成為一個具象的文化實體。因此，如果將鬼想像成具有與活人一樣的某些特徵，也就不足為奇了——儘管鬼不一定看起來完全像人。因為，要認識一種存在，如果沒有一些能與「活物」產生關聯的特徵，對人是種認知上的挑戰。因此，這種想像出來的存在需要一定的形狀、重量或顏色。它還可能具有身體和語言能力，能表達感覺、情感，甚至擁有道德感。此外，超自然力量也是這種想像的常見部分。

為了要理解這些無法解釋或超乎尋常的事物，人們必須從自己的認知經驗中收集所有的訊息匯總在一起，來形成對鬼的描述。因此，即使一個人可能沒有看過一個六米高的黑色鬼魂凌空飛行的經驗，他也可以用自己的認知系統中擁有的所有概念元素——比如六米的高度、黑色、醜陋的臉、飛行——來構建這樣一個形象。總而言之，想像出一個鬼涉及到人對構成「活物」概念的各種元素的認識。認知系統從經驗中收集或檢索這些元素，並使用想像力將它們構建或重構出來。也正是因為認知系統的個體差異，才形成相互衝突的想像。人類想像力發揮作用的一個早期例子是西元前三世紀《山海經》中提到的眾多神靈。在各種「綜合體」神靈中，有「鳥身龍頭」、「龍身鳥頭」、「龍身人面」、「人面馬身」、「人面牛身」，或「羊身人面」。所有這些都是將一些人類和動物形像的元素以不同的方式混合。[8]在曾侯乙彩棺（西元前四三三年）上發現的一些被認為是保護神的圖像，它們就是人身鳥足，[9]因此與《山海經》中的描述相吻合。

鑒於上述觀察，似乎可以認為，個人和社會經驗為死後存在的想像以及這種存在的居所，也就是來世，提供了大部分材料。因此，「鬼」——通常用來表示這種死後存在的詞彙——以及鬼所居住的世界，可以被認為是受到了生者的社會和文化脈絡的制約，在這些脈絡背景下，死亡和來世的概念得

8 Poo 1998，頁五七—六二。

9 湖北省博物館一九八九，第一冊，頁二八—四五。

以被構想出來。換句話說，鬼的概念，儘管它的形象五花八門，但可以被視為一種社會想像或文化建構，它作為人性的另一面，補充了生者的世界。

然而這樣一種想像，作為文化的產物因而具有文化的特徵，其構成不可能恆定不變。[10]它不可避免地會在整個歷史過程中發生變化。即便是在同一種文化和特定的時間範圍內，仍然可能存在關於鬼的不同概念。正如凱薩琳・貝爾（Catherine Bell）在討論文化資產挪用時所指出的那樣，「任何人都可以挪用文化的一部分。」[11]因此，不同的人會挪用集體想像的不同部分，並且創造出五花八門的情景，也就不足為奇了。另一方面，一旦鬼的觀念成為一個獨立的媒介，就會對宗教信仰、集體想像和各種社會文化現象產生真正的影響。換言之，概念與社會之間存在著互動關係。[12]如果人們能想像、繼承或發明鬼的觀念，那麼這些觀念也能以不同的方式困擾、驚嚇、寬慰、改變，或甚至娛樂生人的世界，對整體歷史和宗教產生深遠的影響。

集體想像究竟如何產生或維持每一種特定的文化現象，是一個尚未被充分探索的研究主題。與集體記憶類似，[13]集體想像可以被理解為一種社會行為，人們的想像通過這種社會行為在特定的社會文化背景中凝練或匯合，而這種社會文化背景就像一層濾網，提煉出或多或少一致的共識。[14]按照這種思路，鬼的概念不可能是某個人或者少數人的創造。鬼的某些特徵（例如，毫無重量、可怕的外表，或超自然能力）之所以成為此類存在體能夠被普遍接受的描述，其原因應該是一種集體共識的結果，允許讓這類特徵成為鬼存在的條件。然而，正如我們將在接下來的章節中討論的，這種鬼魂的集體形象在代代相傳的同時，也隨著社會和文化環境的變化而演進。通過文學作品和驅鬼文本中關於鬼的表述，這些想法往往隨著時間的推移被使用者加以豐富和轉變，例如，研究古希臘「精神」（*psychē*）概念的學者就證明了這一點。[15]因此，隨著鬼概念的不斷變化，我們可以發現集體想像隨之相應的變化，並側面反映了社會價值觀和宗教傾向的變化。這是因為鬼的出現通常是有原因的，而這些原因由社會盛行的價值觀和情緒所推動和支持。因此，對鬼魂為何以及如何出現的研究，讓我們有機會研究集體想像在不同社會中的運作方式，以及鬼這一主題如何能作為觀察社會價值觀和情緒的有效手段。每個文化系統都產生自己版本的陰間和鬼魂這一事實表明，儘管各種社會都有對死亡和來世做出某些解釋的相同需要，但實際結果可能會因文化或在地條件的差異而有所不同。話雖如此，我們並不認為任何一種文化中對過去或現在的鬼只有一種理解，因為就和討論宗教信仰一樣，我們應該謹慎地不要將任何文化中對鬼的信仰看作一個前後連貫的意義系統的體現，沒有內部矛盾或偏差。[16]

然而，目前為止我們的討論都還認為鬼是一種想像中的東西，沒有觸及鬼的真實性問題。鬼是否

---

10 Berger 1967，頁八。
11 Bell 2004，引用自頁一〇一。
12 Geertz 1973，頁九四—九八。
13 關於集體記憶，經典的研究是：Halbwachs 1992。亦可參詳：Connerton 1989，頁三七—八三。
14 Poo 2009b。
15 Bremmer 2002，頁一—四。
16 Bell 2004。

存在——一個尚未回答的問題——在這裡值得考慮。自從人類社會有歷史記載開始，各種形態的鬼就出現了，對各個社會造成不同程度的影響。大多數現代學者傾向於將目擊幽靈的記錄視為想像力和認知力的組合結果。然而，即使鬼只是人類想像或幻覺的虛構，想像的結果本身仍然是對人類社會造成影響的真實文化實體。再者，即便鬼確實存在，我們仍然必須區分「真正」的目擊鬼事件和錯誤的想像或認知，而鑒於歷史記錄的性質，這樣的區分將構成相當困難的挑戰。[17]也就是說，即使鬼真的存在，鬼的目擊報告也像其他「歷史事實」一樣，可能會通過各種歪曲、竄改和想像的補充才得以記錄和傳播，使「真實」的記錄變得模糊——特別是考慮到鬼這個主題在本質上具有極大的煽動性和爭議性，而即使在古代世界也是如此。我們可能根本無法確定關於鬼魂現身的記錄是否真實，這一事實提醒我們要留下一些懷疑的空間——這不僅事關這類記錄的真實性，而且也事關我們正在尋求理解的是什麼樣的真相。在本研究中，我們將不得不擱置鬼是否存在的問題，轉而關注允許或孕育出這些歷史記錄的文化和宗教環境，以及它們對當代社會的意義和啟示。最終，我們需要評估鬼——無論是作為現實的存在還是想像的實體——對人類社會的影響，就像我們對歷史範疇裡的其他研究主題所需要做的一樣。這裡面既有現實，也有想像出來的現實（imagined reality）。兩者都可以對社會和文化產生真正的影響。鬼無法確定的本質似乎恰恰正是探索這些歷史記錄中所有模稜兩可和矛盾衝突特質的很好的理由。

二、鬼的跨文化類型

為方便起見，上一節將人死後的存在稱為「鬼」（英文為「ghost」）。然而，當我們審視各種宗教文化中用來描述人類死後狀態的術語時，就會發現英語術語「ghost」的應用存在一定的局限。對於現代英語使用者來說，「ghost」一詞通常指的是死人的精神或靈魂；然而，在其他文化中，人的死後存在的狀態五花八門，因此有許多術語來指稱這些存在。因此，有必要從一開始就考慮現代英語中的「ghost」是否適用於我們在其他文化中遇到的各種形式的死後存在。

最早有關死後存在的說法，可能是古代美索不達米亞人所說的伊坦姆（*etemmu*）概念。[18] 根據美索不達米亞神話，這個伊坦姆源起於眾神的身體，居住在人體內，並在死後被釋放。因為它原本是神的一部分，根據定義是不朽的，它解釋了為什麼當身體腐爛時它還可以繼續存在。這也暗示了人類與神之間的特定聯繫，正是這種神聖的元素使人類與所有其他生物都不同。這個伊坦姆獨特的神聖特性使美索不達米亞的「鬼」與其他文化中鬼只是人死後剩餘的部分完全不同。不過，這種神性並沒有賦予鬼更高的地位。伊坦姆通常被認為具有人類的外貌，在冥界的黑暗角落過著陰暗的生活，而且這種

17　已經有不少利用超心理學來研究鬼與顯靈的著作。其整理性成果可見：Baker 2003。

18　綜合性的論述可見：Alster 1980；Cooper 1992，2009。

痛苦看不到盡頭。[19]這至少能部分反映出美索不達米亞人對生命意義的悲觀態度和普遍陰鬱的世界觀。

對於古埃及的死後存在概念，眾所周知存在三種「靈魂」：卡（讀音「*ka*」）、巴（「*ba*」）和阿赫（「*akh*」）。巴，通常是一隻在墳墓裡和周圍盤旋飛舞的長著人頭的鳥，代表著在生者和死者世界之間自由移動的能力。在文學作品中，巴有時可以看作是一個人的道德良知。卡在詞源上與「存活」或「生命力」的概念相關，通常以死者整體的生命樣貌顯示，代表依舊存活的身體並接受供養。但是，似乎只有以朱鷺的形象出現的阿赫才被認為與「鬼」的概念最接近，因為它可以直接與活人互動，並且可以與先祖的靈魂共存。它經常被現代學者翻譯成一個相當神秘的術語「變形的精靈」（transfigured spirit）。由此看來，古埃及人似乎解構了一個人的基本特徵，並將這些特徵賦予三種不同的作用或靈性表達。[20]對人類死後存在的這般豐富想像，警惕著我們不要想當然地認為我們所探索的是個單一的概念。[21]

對於古代以色列人來說，希伯來語詞彙 אוֹב（*'ôb*，接近中文讀音「鷗夫」）狹義地指稱祖先的靈魂，因此可以看作是最接近鬼的概念。另一方面，רְפָאִים（*rĕpā'îm*，接近中文讀音「肋法應」）一詞特指被永久困在冥界（希伯來語 שְׁאוֹל，英譯 *Sheol*）的迦南（Canaanite）領主。[22]因此，沒有一個術語可以概括地表達死者的鬼的概念。然而，當提到鬼魂時，通常的描述為它們如同暗影一般，軟弱又無力，永遠被限制和禁錮在冥界之中。儘管這與美索不達米亞的鬼概念相似，而且由於兩者之間的文化聯繫使它們尤其相似，古以色列的鬼並不以它們的惡意或復仇行徑而聞名。它們從不恐嚇或威脅生者。[23]

古希臘人的情況又有些不同。古希臘人沒有區分死者死後存在的種類，但使用許多詞彙來指稱死者的狀況，其中包括 εἴδωλον（讀音 *eidōlon*，意為靈魂的樣貌）、ψυχή（讀音 *psychē*，意為靈魂或精神）和 φασμα（讀音 *phasma*，意為靈魂的現身）。這些術語中的每一個都指人的某些方面，但它們的共同特徵是缺乏智慧和生命力，亦即所謂的 φρένες（讀音 *phrenes*）。在古典時期，φασμα 扮演著「惡鬼」的角色，能以某種有形的方式與生者互動。[24]與古埃及的巴、卡和阿赫相比，古希臘的 εἴδωλον、ψυχή 和 φασμα 概念對於彼此的不同之處似乎不是它們對人類生命特徵的劃分，而在於它們代表同一靈魂的不同狀況。

古羅馬人似乎把不同類別的死者做了一些區分：*anima*（拉丁文的「靈魂」）、*umbra*（「陰影」）、

19 Bottéro 2001，頁一〇五—一一〇。

20 Assmann 2005，頁八七—一一二。他的觀點指出，古埃及人認為死後人的整體存在分解為不同的元素，包括 ba、ka、心臟、人的外貌和身體，等等。

21 研究古埃及死亡與來世概念的經典著作是：Kees 1926。Zandee 1960 的標題引人關注：《與死為敵》（*Death as an Enemy*）。全方位研究古埃及死亡相關現象的著作：Assmann 2005。研究古埃及多種靈魂的近期著作有：Eyre 2009。

22 請見：Davies 1999，頁九二—九三。

23 請見：Wan 2009。

24 關於古代古典時代鬼概念的研究，可見：Bremmer 1983 以及 Finucane 1996。

manes/lemures（泛稱的「鬼」）、*lares familiares*（「祖先的鬼」）和 *larvae*（「有威脅性的鬼」）。然而，它們彼此究竟有哪裡不同是有爭議的。[25]以古羅馬的 *manes* 為例子，它有「鬼」的含義卻與「神」不太完全對立，因為 *manes* 和神之間的區別不是它們的本質，而是它們的力量和影響力。相比之下，古希臘的鬼永遠無法成為神，因為按照古希臘人的定義，神性是不朽的，而鬼——無論是 εἴδωλον、ψυχή 還是 φασμα，都只是凡人肉胎的殘餘，亦即死者。[26]

與古羅馬的 *manes* 類似，古代中國詞彙「鬼」經常被認為是英文詞彙「ghost」的對等物，也就是死者的精靈。然而正如以下所論，在中國早期「鬼」一詞很明顯地也可以指神的精神，或非人類的精怪／惡魔。鬼神之間的差異不在於它們擁有超自然力量的事實，而是它們是否可以展現某些仁善或神奇的事蹟促使人們尊重和崇拜它們。那些可以通過做有價值的事來證明自己力量的鬼很有可能被封神（apotheosized）。然而那些傷害人的仍繼續是惡鬼。不過，即使是所謂的怪（妖精）、魅（妖精）、物（動物靈）和精（惡魔）也可能不是完全邪惡的。鬼的概念和那些被稱為怪、魅、物、精的東西，雖然相對不同——鬼主要指死者的鬼魂，而怪、魅、物、精主要指非人類主體的精神——但又始終保留著相當程度重疊的模糊性。[27]更複雜的是，有兩個中文詞彙，魂和魄，也可以指死者的精神存在。雖然魂仍然是一個爭論的話題，但它似乎是指死者升天的靈魂，而魄似乎更像是指留在地下墓穴中死者的物理肉身。詳細分析現存材料證據後表明，依照材料出現的時間段和文本脈絡來看，魂和魄可以也確實曾被視為同義詞。[28]雖然在這項研究中，我主要關注的是「人鬼」，但有時現存的文本材料則將這種靈性存在指向非人類的起源。儘管如此，我的目標一直是使用現有的材料來描繪普通人生活的宗教環境。無論一個人遇到的「東西」是「人鬼」還是「狐精」，讓人更感興趣的訊息是為什麼這個「東西」會出現，這個「東西」如何與生人互動，以及生人如何找到處理這種情況的方法，無論這種辨法是不是惡意的。

如下文第六章中所說，當佛教傳入中國時，使用漢語詞彙來翻譯各種形式的印度「鬼」和「惡魔」的需求，給試圖投身文化交流的佛教僧侶帶來了一些挑戰和機遇。其中關於靈魂的含義模糊的一個例子是惡魔／鬼「起屍鬼」（वेताल，梵語音譯 Vetāla），它棲息在屍體中並與生者交談，但也被認為是一種神靈。起屍鬼（意為「能喚起屍體的鬼」）這個名字的漢譯中包含了個鬼字，這表明中國人對起屍鬼「狀態」的理解存在一些歧義：它應該是神還是鬼？這僅僅是一個翻譯問題，還是傳達了 Vetāla 的某些特性？[29]無論如何，在中文語境中，「鬼」一詞確實可以指稱神靈，因此將 Vetāla 翻譯成起屍鬼可能已經通過使用該詞解決了這種歧義。話雖如此，它被稱為鬼而不是神這一事實可能仍舊暗示了對 Vetāla 本質的某種評價。

儘管不同類型的「鬼」存在一些差別——如果我們仍繼續使用「鬼」這個詞的話——它們之間的

25 請見：Ogden 2001，頁二一九—二三〇。
26 King 2009。
27 杜正勝二〇〇一；林富士二〇〇五。
28 相關討論，請見：Yu Ying-shih 1987；蒲慕州一九九三a，頁二〇八—二一二；Brashier 1996；Lai 2015，頁四三—四六。
29 請見：Huang 2009。

確存在一些重要的相似之處，亦即它們都展示出促使人們想像死者命運以及亡者與生人之間關係的那種社會需求。我們可以很容易地證明，在各種宗教文化中都有一些共同的鬼類型：對人類有害的惡鬼，會幫助它們特別選定之人的善鬼，曾被活人虐待並尋求平反的復仇鬼，自身無能而需要生者說明的受難鬼，想將特定訊息傳達給生者的頑皮鬼，等等。這些不同類型的鬼可以被看作是活人的各種社會需求的體現，因為大多數時候鬼的行為及其與活人的關係之所以如此，都出於一種宏觀背景，就是為了解決某些社會價值觀及道德倫理之困境。因此，從鬼的類型來看，我們有機會看到一個社會在如何處理生人與死者之間的關係方面有什麼需求，因為這種需求得以某種方式通過鬼的行為或惡行才能滿足。透過嘗試理解時空上距離我們都很遙遠的古人的情感和需求，我們可以對人性有更多的體會。探索鬼的現象或幻象可以是這種努力的一部分。

三、探索早期中國的鬼

雖然古代中國的鬼相當昌盛，但對中國古代文化和社會的研究歷來集中在哲學、文學、藝術、建築，或帝國及其統治架構上等理性成就。即使在討論「神靈」方面時，焦點也往往集中在儀式崇拜、祭祀犧牲、儀軌經文和道德或倫理的價值觀上。例如，聖賢或聖賢性（sage-hood）是現代學者最喜歡的研究主題之一。[30]多半時候，有關鬼的故事不過只是好奇的對象而已，不值得認真研究。然而，如前所述，鬼故事在中國文學的傳統由來已久，而在中國歷史上，鬼在民間信仰中占有突出地位。的確，近來中國學術界對民間信仰和鬼文化的興趣增加，但這些研究大多主要對神鬼的分門別類感興趣，而「消除迷信」仍被認為是這類研究的目標。[31]此外，對早期中國鬼的探索會涉及社會、文化、性別和宗教等各種紛雜的影響力，更是鮮有人嘗試。[32]在西方，康儒博（Robert Campany）對六朝志怪的研究將鬼故事從文學領域向外延伸到尋找文學、社會和宗教信仰之間的相互關係。[33]其他的志怪研究則主要集中在志怪的文學價值，通常從性別角度出發，強調男性對故事中女鬼性幻想因素的心理解讀。[34]當然，也有不少學者研究唐宋時期的民間宗教，而這些民間信仰中鬼相當重要。[35]然而，西方學術中一些更主要的研究大多數集中在明清時期的鬼故事上。[36]

有鑒於明清鬼故事的研究已有相當成果，但又有對早期中國鬼提出新認識的需要，因而本書選擇追溯從遠古到西元六世紀隋唐統一國家之前所存在的鬼觀念。

就方法論而言，本研究對早期中國的鬼現象採取了跨學科的方法。我將從宗教研究的角度討論鬼

---

30 比較近來的例子有：Sterckx 2011。
31 其中比較出色者有：徐華龍一九九一，王景琳一九九二，以及馬書田二〇〇七。
32 我先前在鬼主題上的研究成果大多已融入本書。請詳見參考文獻。
33 Campany 1991，1995，頁一九九—二〇一。
34 Yu, Anthony C. 1987；顏慧琪一九九四；梅家玲一九九七，頁九五—一二七。
35 Chan 1987；von Glahn 2004；Davis 2001。
36 例如：Zeitlin 1993，2007；Chan 1998；Kang 2006。

這個概念在信仰體系中所占的地位。相對於信仰體系的中心思想，鬼的概念有什麼意義？鬼在信仰體系中扮演什麼角色？從歷史研究的角度來看，要討論的問題則是不同研究資料來源（文獻、考古）中鬼概念的發展，以及鬼概念持續變化所帶來的社會和文化涵義。從社會理論的角度來看，人們如何想像和對待鬼的方式主要是由滋養出死亡和來世觀念的社會和文化背景所構建的。因此，鬼的概念可以被當作一種社會想像來考察。從心理認知的角度來看，我們需要考慮想像和經驗的問題。鬼是想像出來的產物嗎？如何解釋人們對遇鬼經驗的說法？下章將討論《荀子》中的一個故事，講述了一個人將自己的影子想像成一個縈繞不去的鬼魂，這是一個想像力源於經驗的例子。[37]

再者，鬼概念的形成不僅僅與想像力有關，因為想像力與經驗密切相關。於是問題變成，類似的經歷是否會鑄成類似的想像力。答案顯然不可能淺顯單一，因為經驗隨同特定的社會文化環境以及個人生活故事的脈絡一起發生。因此，一般大眾會如何想像鬼的存在，與社會中的個人會如何體驗鬼並對其作出反應，二者不一定相同。然而鑒於人類認知功能大抵雷同，而經驗基於認知，毫無疑問人類經驗具有受制於認知功能的某些特徵。

本書試圖以中國鬼的案例為研究基礎，對人類社會的鬼現象建構比較性的理解。我們將嘗試在歷史脈絡下考察鬼概念對中國社會的影響，因為鬼概念的演化足以表明社會和宗教的心態變化。我還將嘗試通過提出一些關鍵問題來闡明早期中國的鬼概念：人們認為鬼是從哪裡來的？它們長什麼樣？人們如何認知和對待鬼？它們如何影響人們的生活？人們如何想像它們與生人的關係？它們在信仰體系中的作用是什麼？它們如何影響文學、藝術，並改變人們的世界觀？是什麼讓鬼變得可怕？是什麼讓它們充滿惡意？還有，是什麼讓它們也很脆弱？人們從什麼時候開始以溫和的方式談論鬼，為什麼？通過揭示這些問題背後的原因，我們可以更加瞭解鬼的力量。它們不僅可以對社會和人的心靈產生一定的影響，還可以向我們揭示在特定時代產生某種鬼的社會的特徵。因此，我認為鬼的概念不僅是一種文化建構，還是一種建構文化的媒介，而且鬼的概念與文化發展之間存在著互動關係。於是，研究鬼實際上就是從一個特定的角度來研究產生鬼的文化。

本研究的資料從最早的商代甲骨文獻，到新近出土的戰國晚期和秦漢時期的文字，以及從早期中國到六朝的相關傳世文獻。文獻來源有《詩經》、《左傳》、諸子著作、四書五經，以及《史記》、《漢書》、《後漢書》等歷史著作，還有六朝時期最顯著的佛道典籍和志怪。這些資料為我們提供了早期中國鬼概念發展的基本輪廓。它們提供有關鬼的故事或評論，值得研究調查。另有甲骨占卜記錄、陪葬文書、《睡虎地秦墓竹簡》中《日書》的驅鬼文書等非文學類的資料。由於研究資料的性質各有不同，因此我們需要謹慎考慮每種類型的文獻。關於研究資料的最重要問題是作者身分和創作意圖：誰製作了該文獻，出於什麼目的，為誰製作？考慮完這些基本問題之後，我們就可以進入下一階段，確定這些文獻的意涵：這些文獻可以代表什麼樣的社會階層、文化背景，或者是與知識分子的關係？它們傳遞什麼樣的社會和宗教訊息？這些不同文類的文獻之間的關係是什麼？這些文獻的限制是什麼？它們不能告訴我們的是什麼？我們自己的偏見可能是什麼？儘管我們無法與留下記錄的人直接對話，

37　《荀子集解》，頁二七〇。請見第二章。

就像今天的超心理學現象研究者採訪他們的情報提供人一樣，但我們仍然需要考慮各種可能影響訊息傳遞的因素，因為故事的講述人可能有各種原因使他有講述鬼故事的動機：想引人注意、獲得滿足感、找藉口、藉此建立權威、想確認講故事者的信仰、說明道德問題、找點樂子，或者是這些理由的任意組合。透過用這些問題來權衡證據，我們也許應該願意採取一種寬鬆的立場，而不是堅持只有一種可能的方式來解釋這些文獻材料。因為關於鬼的問題，很少有人能保持中立。

四、本書章節說明

在對鬼研究的概念和方法論基礎進行了上述思考，並且粗略地介紹了一些古代社會中不同類型的鬼之後，第二章考察了與鬼的起源、性質、功能和形象有關的先秦時期文獻，以及其中以祭祀、祈禱或驅鬼的形式所表達的對鬼的反應與適應。基本上是對古代文獻的文本研究，涵蓋了從商代甲骨文到四書五經，再到《睡虎地日書》、包山楚簡等出土文獻，初步勾勒出早期中國鬼現象的基本輪廓。本章還將主要透過莊子、荀子、墨子等思想家，討論鬼在社會中的意義這類論述意識的出現。這些討論鬼的論述，不應該與普通人觀念中的鬼概念混為一談。然而，為了使哲學或文學表述有效且令人信服，這些思想家的論點或表述必須建立在一個被普遍接受但不必然是獨一無二的鬼概念之上。戰國後期，如《呂氏春秋》、《周禮》等著作中出現了將神鬼觀念系統化使其成為更整合連貫結構的思想趨勢。這些文獻預示了大一統帝國建立之後精神世界核心化的結構。尤其是冥界將成為一個類似於陽間的地方，而且還有可比擬的官僚系統。

第三章考察秦漢時期多種關於鬼的文字和圖像表達，探討了官私領域如何相互作用並影響了鬼及冥界等相關思想的發展。帝制建立後，官方的宗教儀式被賦予了統一——雖然仍在不斷發展——的結構，但鬼的觀念仍然存在於人們的日常生活中，而且根據當地的傳統隨之發展。西元前九一年漢武帝在位時期的巫蠱事件表明，宮廷和普通民眾普遍害怕惡鬼。[38]因此，在京城和全國各地進行的帝國崇拜儀式，被各種鬼信仰的崇拜儀式和習俗所強化甚至蓋過風頭，從宮廷到社會各階層都相同地傳播了開來。正是在這個時期，我們的資料中開始更加形象地表達陰間的概念，為鬼的本質增添了一些有趣的新理解。事實上，把陰間想像為一個地府官僚機構，這發展也對鬼概念的發展產生深遠的影響。這種對靈界、陰間或天界的官僚系統式的想像，在隨後的幾千年裡成為中國人宗教想像的歷久不衰的模型。

第四章探討從漢末到六朝（西元三至六世紀）時期鬼怪文學的興起。漢末興起、六朝盛行的一種特殊文學體裁，即所謂的志怪，使鬼故事成為當時最核心的文學題材之一。這些故事中的鬼主題經過文學潤色和觀念提煉，對中國後世宗教和文化中的鬼觀念產生了重大影響。因此，本章探索這個鬼的文學世界，研究它們的形象和個性，並試圖解釋它們無論是惡意的還是仁善的行為，以及它們對當時的世界觀以及宗教和情感生活可能產生的影響。我還將嘗試揭示鬼故事作者的意圖：他們是誰，他們

38 蒲慕州二〇二三。

的目標受眾是誰？此外，通過描述鬼的世界及其與生者的關係，作者也幫助塑造了那個世界和那些關係。鬼故事不僅是娛樂素材，也是批判性地評論人性和當時社會的的依據。志怪中的鬼魂被描述成具有各種情感和道德感，這表明對鬼存在的想像很大程度上是對活人的模仿。

由於道教起源於秦漢中國的土壤，研究它如何處理鬼，可以作為一個有用的指標，來說明道教是如何以及在何種意義上成為一種獨特的宗教傳統。在第五章中，我將重點關注一些早期的道教文獻，並將道教關於鬼的性質和起源、鬼的形象和功能以及驅鬼儀式的思想，與道教之前的中國民間信仰的鬼思想進行比較。這種比較可以更清楚地描繪道教和民間信仰之間的異同。事實上，道教宣稱世界被各種各樣的鬼所侵擾，而道教的使命是遏制和驅逐惡鬼，以造福人民。總之，道教早期文獻中的鬼觀念與先秦兩漢的早期鬼觀念有一定的相似性。相似之處在於對驅鬼的需要，鬼出現的原因，以及鬼的形象。但二者也有差異，這表明思想基礎和社會環境發生了變化，世界觀也發生了變化。道教文獻集體地展示出一種世界觀，有意識地宣揚在這種世界觀中無數的鬼積極地參與到普通人的生活中。在漢朝末期之前，這種充滿鬼的浩瀚世界圖景從未有過清晰的表述。道士們聲稱自己有能力控制這個鬼的世界，他們藉由使用保有著這個惡鬼世界秘密的道教文本，試圖建立起他們作為有效驅鬼者的權威。

第六章討論早期佛教對鬼的看法和對應之道。佛教傳入中國時，並不是進入一個沒有信仰的世界。除了試圖贏得文人階層的注意之外，佛教宣導者還需要面對他們打算改變的那些民間信仰。因此，早期的中國佛教文獻也大量地提及大眾流行的宗教活動，包括崇拜鬼神。所以，對早期佛教文獻中的鬼概念和對佛教僧侶活動記載的研究，可以為我們理解佛教部分程度上的「中國化」提供一個具體的焦點。值得注意的是，當佛教和道教勢力發揮作用時，二者都試圖利用大眾流行的鬼認知框架來推進自己的教業。想當然耳，兩者都聲稱能夠為人們處理鬼的問題。然而，在沒有真正脫離傳統框架但又承認鬼存在的情況下，自先秦時代流傳下來的鬼觀念從未被取代，並且為後世與佛道二教糾纏不清的民間信仰發展打開了無限的可能性。

最後，由於鬼的現象普遍存在，對早期中國鬼的探索可以構成進一步與世界其他地方的鬼進行比較研究的基礎。中國、埃及、美索不達米亞和希臘羅馬世界的鬼之間的異同將是第七章的討論主題。因為只有通過比較，即使是有限的比較，我們才能領會每種文化的個體特徵。如果早期中國的鬼故事可以作為鬼以自己的力量創造了屬於自己的文化的有效例子，而且其主題是人鬼關係的變化，那麼在其他文化中是否可以找到類似或不同的情況？關於人類社會宗教信仰的普遍性和特殊性，這些發現可以告訴我們些什麼？所有這些都可以在比較研究的基礎上有利地進行。

由於鬼構成了人性的另一面，鬼的本質是多面向的。對於鬼現象作為人性一部分，我們可以而且也應該有多種方法來理解它的意義。我們不應該對鬼的起源、性質、功能和文化意義僅僅給出單一的解釋。本研究中所使用的材料反映了人們在不同時代、不同地點、不同生活情境中的恐懼和希望。因此，雖然本研究中的章節是按時間順序排列的，但我們並不認為對鬼越漸複雜的想像存在單一線性的發展，儘管我們掌握的研究資料可能表明在某些時期對鬼的各種特徵及其與人類的關係的想像似乎有一些突出的特徵。我們在研究材料中所看到的應該更好地理解為，在特定時間和空間下，對鬼的想像的不同表現。

另一方面，我們也不放棄將鬼概念作為一種文化建構和歷史產物來加以研究的機會。如果我們同意文化會隨著時間的推移而發生變遷，並同意每一次明確的文化發展都會帶來新的觀念和新的文化現象，那麼對鬼魂觀念變化的考察，或許可以為我們窺探那個時期的歷史特性提供一些特殊的窗口。

正如佛家所說，一沙一世界。對鬼概念在歷史上的所有影響進行研究，可以揭示出在一般談論藝術、文學、哲學，甚至科學的文化史中一個鮮為人知、不為人所訴說的世界。我們應嘗試進入「幽都」（先秦時期的中國所賦予陰間的名字之一），並揭示這個鬼的世界。通過對早期中國鬼的意義提供一個全新的認識，我們對中國社會和心理狀態的特徵理解可能會變得更加細緻入微。至於鬼，雖然隱於幽都之中，但最終還是要走入陽光之下，向我們揭露生者的希望和焦慮的暗黑角落。我們希望這項研究不僅有助於理解一般的宗教信仰，而且從人們生活中較少探索的方面來瞭解他們的經歷。

第二章

早期中國鬼的初跡

鬼神之為德，其盛矣乎！視之而弗見，聽之而弗聞，體物而不可遺。[1]

西元前四世紀的一位畫家曾被要求替齊國國王作畫。齊王問：「畫孰最難者？」畫家回答：「犬馬最難。」國王又問：「孰最易者？」他回答：「鬼魅最易。」故事的作者解釋說，這是因為狗和馬為人們所熟知，每天都可以看到，因此人們很容易發現畫家畫中的任何缺陷。另一方面，由於從來沒有人真的看過鬼，任何最古怪的畫法都不令人奇怪；因此，要畫它們很容易。[2]這段文獻的作者是韓非（？—西元前二三三年），他是中國歷史上對法律和治國之道發展影響最為深遠的法家思想的創始人。這個故事的初衷，考慮到韓非的動機和敘述的背景，是為了闡述一個概念，即人在有一定規矩系統的限制下做事，要比在沒有任何規矩系統的限制下更難。由此可見法律的重要性。然而作者以鬼畫的例子來說明他的觀點，卻無意中告訴我們，鬼或許被普遍認為是一種無形的東西，靠人類的想像難以捕捉。的確，曾經有人聽到孔子自己說：

鬼神之為德，其盛矣乎！視之而弗見，聽之而弗聞，體物而不可遺。使天下之人，齊明盛服，

1 《禮記注疏》五二：一二。

2 《韓非子集解》一一：二〇二。相同的概念可見於《淮南子》一三：六a：「今夫圖工而好畫鬼魅，而憎圖狗馬者，何也？鬼魅不世出，而狗馬可日見也。」

以承祭祀。洋洋乎如在其上，如在其左右。《詩》曰：「神之格思，不可度思，矧可射思。」夫微之顯，誠之不可揜，如此夫。[3]

這段話出自《禮記》，這是一部儒家教義和軼事的文集，可能是在西元前三世紀收錄和編輯的。[4]我們很難知道儒學的追隨者在多大程度上會認同這種觀點，但由於它被記錄在盛譽卓越的經典中，並被視為孔子的說法，這句話往往給人的印象是孔子（或他的弟子）視鬼神為無形之物。孔子在《論語》中曾說「敬鬼神而遠之」。[5]這種說法的道理似乎是，作為一個人文主義者，孔子鼓勵他的學生應該根據世俗精神，更多關注在生人的事務上面，而不是聽從薩滿之類從事宗教傳播的人所說的神諭鬼示。然而這句話以及上面引用的《禮記》中的段落，都清楚地表明孔子並沒有否認鬼神的力量和能耐。我們還應該認識到，孔子及其追隨者在當時社會上只是極少數的知識分子。在前帝國時期的中國，從西元前十到三世紀，大多數人對鬼是什麼模樣應該都有一些想法，儘管他們可能彼此不同意。然而，如果要追溯鬼的概念的起源和發展，我們有必要回顧最早的文獻。

一、「鬼」的含義與起源

正如前一章所討論的，在漢語語境中鬼的概念通常以「鬼」一字來表示。然而，鬼這個字，就像英文的「ghost」一樣，有不止一層含義。因此，嚴格來說，鬼=ghost 這樣的對等式並非沒有問題，我們將在往後繼續討論。

現代漢字的鬼是商代（約西元前一六〇〇—一一〇〇年）的甲骨文鬼（）的直系後裔。對這個字的原始意義的解釋眾說紛紜，有的將其視為死亡面具，有的將其視為薩滿面具，有的認為源自意味恐懼的畏字，或是認為與歸字有關，因為人死歸於地下，《禮記》也說：「眾生必死，死必歸土，此之謂鬼。」[6]但這種說法是不確定的。[7]東漢學者許慎（約西元三〇—一二四年）在其巨著《說文解字》中解釋了鬼字的由來：「鬼者歸也」。這個相當簡短的解釋基本上與《禮記》一致，並假設鬼字的含義與人死後回歸地下的想法有關。然而，這種聯繫僅只是基於鬼和歸兩個字的語音相似，而沒有對鬼這個字本身進行解釋。可以確定的是，在古代使用甲骨文占卜的時候，人們就已經有了某種可以對人類造成傷害的神靈的概念，並用甲骨文表達出來，後來被證明就是鬼這個字。例如，商王夢中出現鬼：「貞，亞（人名）多鬼夢」；[8]「卜，常夢見鬼」；[9]雖然不清楚這些夢是否是惡夢，但其他鬼

3 《禮記注疏》五二：一二。
4 Loewe 1993。
5 《論語注疏》六：五四。
6 《禮記注疏》四七：一四。
7 池田末利一九八一，頁一五五—一九八；沈兼士一九八六；國光紅一九九三。亦見：Lai Guolong 2015，頁三六—三七。
8 姚孝遂一九八九：一二五，no. 17448。
9 姚孝遂一九八九：一二五，no. 17450。

的出現表明了它的惡意：「卜，鬼為害。」[10]或者鬼可能與疾病有關。[11]因此，這些例子出現的上下文似乎都表明鬼被理解為一種能造成傷害或疾病的惡靈。

此外，鬼也是一支外族部落「鬼方」（字面意思是「鬼域」）名字的一部分，這個名字在甲骨文中多次出現，是商王所進攻的地方。[12]可以合理地推測，這個詞用在異族身上帶有一定的貶義，類似於後來的詞彙蠻、夷、戎、狄（即位居四方的野蠻人）。[13]

至於隨後的周朝（約西元前一一〇〇—二五六年），當時的文獻呈現出的情況有些複雜。在這個時期的青銅銘文中，鬼這個字的出現似乎沒有「鬼」（死者的精神）的意思，而大多都被用在甲骨文中已經出現的複合詞「鬼方」的裡面。然而，鬼作為一個字符，常被結合到其他字中，表明它已經獲得了獨特的含義，可以作為形成某個字或概念的一個「表意符號」或「部首」。這些以鬼為「部首」的文字表明，鬼的符號形象代表一個種類的惡靈，這與商代早期的用法並無區別。[14]

在現存最早的周代典籍之一《詩經》中，鬼這個詞只出現過兩次；其中一個詞又是作為「鬼方」一詞的一部分，[15]另一個則有邪靈或鬼的意味：

出此三物，
以詛爾斯。
為鬼為蜮，
則不可得。[16]

這裡的鬼與蜮被一起提到，蜮是一種水中的邪靈，被認為能夠給人們帶來傷害。這也與甲骨文和青銅銘文中鬼的意義相吻合。在《詩經》的其他段落中，神一詞經常被用於表示祖先[17]或神靈的精神，是一種榮譽且崇敬的用法。[18]因此，中文中的同一個詞「神」在英文中可以理解為「神」或「精神／靈魂」。

由於神和鬼都表示靈性的存在，因此兩者似乎很自然地會有一些重疊的地方。事實上，在許多先秦文獻中，鬼的概念可以應用於多種的靈性存在。例如，在大約西元前四世紀編纂的第一部大型的編年史《左傳》中，鬼一詞有兩種含義。第一，當與神組成複合詞時，如鬼神，它可以與神同義，指神

10 姚孝遂一九八九：一二六，no. 4338。
11 姚孝遂一九八九：一二五，no. 14277。
12 姚孝遂一九八九：一二六，no. 8591-8593。
13 Poo 2005a，第三章。
14 周法高一九六八，第一冊，頁五六六一—五六八六。
15 《毛詩正義》一八／一：五。
16 《毛詩正義》一二／三：一八。
17 《毛詩正義》一三／二：七。
18 《毛詩正義》一七／四：三。

靈。[19]在《易經》[20]、《尚書》[21]或道家哲學著作《莊子》[22]等早期文獻中也發現鬼同樣的用法。此外，一些例子表明神、鬼神和鬼這三個詞是可以互換的，這表明鬼的概念經常被用來指代神靈。[23]其次，《左傳》中也有許多鬼的例子，但明確是指死者的靈魂，沒有神性。[24]《論語》中也有類似的情況。《論語》中少數提及鬼和神靈的例子說明鬼可以指某人祖先，[25]而鬼神作為一個複合詞既可以指一般的神靈（包括祖靈和神），[26]也可以與鬼同義。[27]這種含義的轉變表明，鬼的本義是一個通用詞語，泛指人類、神祇甚至動物的精神或靈魂。在甲骨文和青銅銘文以及《詩經》中，鬼一詞似乎僅指具有惡意的人之鬼，這一事實可以理解為是廣義的鬼的概念中的狹隘解釋。

這種鬼與神的混用顯示，後來作為死者精神的鬼和作為神祇精神的神二者之間的區別還沒有明確。這就是為什麼鬼的概念不能被視為現代英語中「ghost」的絕對對等詞的另一個原因。在這裡，現代中國西南地區民族學材料中的鬼魂概念可以提供一個有意義的比較。值得注意的是，在許多少數民族中鬼的概念——無論好壞——都很普遍，但神的概念則相對模糊。在某些情況看來，良善的鬼似乎後來可以成為神，而不友善的鬼就成為傷害人的「鬼」。[28]早期中國也有類似的案例。

《禮記》中有一個關於鬼起源的明確陳述，似乎將鬼的概念限制在人類死者身上：「大凡生於天地之間者，皆曰命，其萬物死皆曰折，人死，曰鬼。」[29]在《周禮》中，鬼概念也明確與「天神」的神概念區分開來，稱之為「人鬼」——人所變成的鬼。[30]然而，這並不排除其他種類的靈性存在仍然可以被稱為鬼的可能性。

戰國時代宣揚兼愛的哲學家墨子用一種常識性的眼光來看待鬼神的存在。墨子堅信，如果人們親身看到或聽到過鬼，那麼鬼一定是存在的。他舉了一個例子來支持這一觀點：

若以眾之所同見，與眾之所同聞，則若昔者杜伯是也。周宣王殺其臣杜伯而不辜，杜伯曰：「吾君殺我而不辜，若以死者為無知則止矣；若死而有知，不出三年，必使吾君知之。」其三年，周宣王合諸侯而田于圃，田車數百乘，從數千，人滿野。日中，杜伯乘白馬素車，朱衣冠，執朱弓，挾朱矢，追周宣王，射之車上，中心折脊，殪車中，伏弢而死。當是之時，周人從者莫不

19 《左傳正義》三：七；四：二四；六：一八。
20 《周易正義》二：三三。
21 《尚書正義》八：一四；十三：八。
22 《莊子集釋》，頁一五〇。
23 《左傳正義》一二：二三；三八：一二；四九：一二；五四：四。
24 《左傳正義》一八：一三。
25 《論語注疏》二：一〇。
26 《論語注疏》六：八。
27 《論語注疏》一一：四。
28 徐華龍一九九一，頁五—七。更多細節請見：Harrell 1974；和志武等合編一九九三。
29 《禮記注疏》四六：六。
30 《周禮注疏》一八：一。

見，遠者莫不聞，著在周之《春秋》。為君者以教其臣，為父者以皦其子，曰：「戒之慎之！凡殺不辜者，其得不祥，鬼神之誅，若此之憯遬也！」以若書之說觀之，則鬼神之有，豈可疑哉？[31]

很顯然，墨子的用意是藉故事來證明鬼神為不義之事報仇的威力，從而引起老百姓的恐懼，宣揚道德觀，以維持社會秩序。墨子又說：「古之今之為鬼，非他也，有天鬼，亦有山水鬼神者，亦有人死而為鬼者。」[32]墨子在這裡沒有用神，而是用鬼來指代天、地、人的靈性存在。[33]在一般意義上，這可能是特意將鬼一詞泛指「精靈」的古代用法。

在本章開頭提及的法家哲學家韓非的著作《韓非子》中，也明確表達了惡鬼的概念，但鬼和神仍然是可以互換的概念，[34]而鬼神一詞大多數時候被用作「精神」的同義詞。[35]這裡需要特別指出的是，這些古代文獻主要反映的是精英階層的傳統思想，這些作者會將舊觀念與新觀念混合起來，造成表達含義上的微妙轉折，甚至特意引用古風。不管如何，如果墨子和韓非的故事對於他們的目標讀者／受眾來說不夠可信，那麼他們的論點就不帶有任何的說服力。這些讀者／受眾當然是社會中的少數，但他們對鬼的看法和普通人對鬼的看法很可能沒有太大差別。

當然，如果我們想找到一個足以代表更廣泛社會階層觀點的切入點，我們應該看看來自非社會精英階層的材料。由於近幾十年的考古發現，我們現在有了一些文獻證據可能可以反映出一些具有更廣泛基礎的觀點。考古發掘出的新文獻中最重要的一種就是一九七二年出土於湖北省雲夢睡虎地秦墓的

《日書》，年代可追溯到西元前三世紀晚期。它寫在竹簡上，基本上是一份類似後代農民曆或者黃曆的文獻，指導人們選擇合適的日子來進行各種日常活動，如遠行、造房、婚嫁、耕種、商貿交流等。[36]然而，在包含這些指導方法的多個章節中，有一個章節名為「詰」，字面意思是「詢問」，但內容表明它可以被理解為是一種「驅鬼文書」。[37]它不選擇吉日，而是記載了一系列的驅鬼方法，用來驅除人們在日常生活中遇到的各種鬼怪和邪靈。有趣的是，本文列出了幾十個「鬼」的名稱，其中鬼一詞不分青紅皂白地泛指人類、動物的精神，甚至是樹木或岩石、風和火等非生物的東西。舉幾個例子，有「丘鬼」（土丘上的鬼）、「哀鬼」（悲傷的鬼）、「哀乳之鬼」（嬰兒鬼）、「棘鬼」（荊棘叢裡的鬼）、「不辜鬼」（無辜的鬼）、「暴鬼」（暴力的鬼）、「餓鬼」（飢餓的鬼）等，不勝列舉。[38]鬼一詞的這種使用指明，在更廣泛的民眾概念中——因為《日書》可以說是戰國末期中下層

31 《墨子閒詁》八：一五三。這則故事同見於：《國語》一：一一。

32 《墨子閒詁》八：一五三。

33 墨子數次使用「天鬼」一詞；見：《墨子閒詁》，頁二九、五〇、一二四。

34 《韓非子集解》，頁一〇四。

35 《韓非子集解》，頁四二—四三、八九。

36 Poo 1998：第四章；Harper and Kalinowski 2017。

37 Harper 1985。關於該文獻的英譯，請見：Harper 1996。

38 睡虎地秦墓竹簡整理小組一九九〇，頁二一二—二一六。關於鬼名的表列，見：Harper and Kalinowski 2017，頁二四五。

社會的社會文化環境下的產物[39]——鬼可以用來指代有著各種來源出處的有害靈體。對於《日書》的使用者而言，這些靈體是人類還是非人類變來的似乎並不是他們真正關心的問題。重要的是能夠識別這些惡靈的名字，因為，無論是對人還是對靈體，知道名字就意味著能夠控制對方的實體，這在其他許多早期社會也是一樣。有意思的是，在驅鬼文書中一些鬼的名字裡居然有神字——比如神狗，可能是「靈狗」的意思，或者神蟲，可能是「靈蟲」的意思。[40]從上下文中可以清楚地看出，這些都是惡鬼；因此，在它們的名字中使用神這個形容詞不應被理解為是神聖的意思，而是這些惡魔所擁有的超自然力量。

另一個重要的證據是一九八六年在甘肅天水放馬灘秦墓出土的一份西元前三世紀的文獻中著名的復活故事，提供了意想不到的對鬼特徵的描述。[41]故事講述了一個名叫丹的人——是一個名叫犀武的官員的僕人——因為在打鬥中無意打傷了一個人而自殺。在下葬之前，他的屍首在市場上曝露了三天——顯然是對他所被認為犯下的罪行的一種懲罰。不知為何，在他死後三年，他的前主人犀武重開此案，認定丹罪不該死。於是犀武將此事上報給司命史——掌管人類生命名冊的官員。司命史，其名公孫強，於是讓白狐將丹從墓中挖出。丹站在墓頂三天，然後和司命史一起去了柏丘（柏樹之丘）的北部地方。四年後，他已經能聽到狗和雞的叫聲，能像常人一般進食，但他的四肢仍很虛弱。這個非同尋常的故事為我們提供了戰國末期的社會、法制、喪葬風俗，以及當時政府體系下層人物的生動想像力和極為罕見的文學表達手法。我們的注意力將集中在死亡和冥間的概念上。

據該文記載，當死去的丹再次復活，他已經不具備生者的正常身體感官和功能，不得不逐漸地復活。然而，死者並非沒有自己的感官知覺。正如丹在他復活後所說的那樣，死者（或鬼）不喜歡穿太多衣服，它們喜歡白色茅草，那是一種具有魔力的藥用植物。更甚者，鬼會嫌棄那些來墓前假意要做祭祀供養的人們，因為他們的真正目的是來吃這些供品。鬼還希望它們的墓地能被仔細地打掃。人們不應該將羹湯倒在祭品上，因為鬼不會吃這樣的食物。文字描寫的景象非常生動，具有想像力。這些小細節以一種諷刺的方式揭示了很多當時的社會現實，並且以一種非常有趣的方式補充了一則著名的故事，故事中，一個齊國人每天去墓地吃人們食物祭品的殘羹剩飯，但他卻告訴妻妾他受邀與達官貴人一同晚宴。[42]這個故事是由孟子（約西元前三七二—二八九年）講述的，他是當時社會風俗的敏銳觀察者和批評者。

有趣的是，復活的過程似乎是感官的逐漸恢復，可能與人死時的情況相反，因為身體的感官會逐漸喪失。然而，尚不清楚當死者復活時，死者的鬼是否或在什麼時間點上「回到」身體。故事沒有詳細說明生與死的「交界線」，因為我們不知道鬼如何、何時或是否回到身體或與身體合一。文獻只說到，丹從墓中被掘出時，在墓頂上站了三天，然後跟著司命史北上。事實上，我們甚至不確定死者的鬼是否曾經離開過它的肉體。而說到鬼不愛穿衣服，不愛吃浸泡過的食物，按理看鬼還是有一定的生

39 Poo 1998，頁八四—九二。
40 睡虎地秦墓竹簡整理小組一九九〇，頁二一二、二一三。
41 李學勤一九九〇；Harper 1994；甘肅省考古文物研究所二〇〇九。
42 《孟子注疏》離婁下：第三三章。

理機能或活動能力，但這又與肉體無關，因為肉體躺在墓裡一動不動。

主人犀武能接觸到司命史，這件事也是非同凡響，因為司命應該是一位神官，並不在人間。司命史與司命的關係為何？我們雖不清楚，但一定有聯絡關係，以致他可以令死者復活。此外，司命的形象曾出現在《楚辭》中，這是一部曾經在楚國範圍內各種宗教儀式上演奏的儀式歌曲的彙編，詩人在其中描繪了一個「大司命」和一個「少司命」。這兩位顯然都是天神。在《周禮》中，大宗伯——儀式的最高主持人——的職責之一就是向司命敬獻犧牲，從而證實了司命即是天神。有趣的是，這個故事似乎暗示了人間、天界和冥府可以相互溝通，因為墳墓中的死者可以看到或知道人們在墳墓前為死者帶來了什麼供品。從文學的角度來看，這個故事透露了一種在六朝時期盛行的文學主題，也就是生者和死者的世界經常相互交織糾纏。而且，我們其實也不需要以現代的邏輯思維來審視故事的情節，比如鬼是否與身體分離，身體是否一直在墳墓中，或者鬼是否從未離開身體等這類說法。在這類故事中，我們不應該期望能找到關於鬼本質的學術性說法。相反，這個故事向我們揭示了當時人對於鬼、對於替那些冤死的人尋求正義的可能性、對於冥界生活的想像，以及對人鬼關係的譏諷的一些看法。

上述對早期中國鬼含義的討論是根據傳世文獻和新出土的文件，說明在戰國晚期或西元前三世紀，鬼一詞可以指代不同來源的靈性存在：有些是人死造成，有些是其他生物或非生物的東西，有些甚至是「神」。這些鬼中有些出於各種原因而對人類不友善。總體而言，無論是精英還是普通民眾，都普遍認為人死後通常會成為鬼，無論是否邪惡。正如我們將在下面進一步討論的，當一個鬼得到適當的葬禮和祭祀，它就成為它後代的祖先，理論上就能安息。而那些沒有得到適當的葬禮和祭祀，或者早亡和橫死的人，則反過來變成厲（惡鬼），並有可能回到人間糾纏或傷害人們。此外，縱觀歷史，鬼神一詞一直被用作「靈」的總稱。在後世文獻中物和怪二詞經常被用來表示非人類的精靈。此外，這些非人類的精靈經常以人類的樣貌出現。這大概會導致對區別「人鬼」和「非人鬼／物怪」之間的一些混淆，因為它們看起來都像人類。前文討論過秦代的驅鬼文書中，有一段關於神蟲的文章：「鬼恆從男女，見它人而去，是神蟲偽為人，以良劍刺其頸，則不來矣。」[43]因此，在人們的想像中，人鬼或非人的物怪，無論是否具有人或其他的樣貌，似乎都沒有固定的模式。這就引出了鬼和靈的形象的問題。

二、鬼的形象

鬼看起來長什麼樣子？這個看似簡單的問題卻引發了無盡的想像和爭論。古代中國的文獻證據其實只代表了當時實際存在於人們腦海中的一小部分。儘管如此，通過檢查這些不夠完整的樣本，我們仍然可以大致瞭解全貌。這個問題還牽涉到作為集體想像的鬼概念是如何形成的，以及認知、經驗和想像之間的作用關係。

前面提到的復仇鬼杜伯的故事中，我們得知杜伯的鬼來報仇時，它在大白天出現，乘著戰車，射

43　睡虎地秦墓竹簡整理小組一九九〇，頁二一三。

出一箭然後殺死了國王。這個故事中鬼的形象與死者本人一模一樣。鬼的舉動也如同一個憤怒、尋仇的活人。因此，判斷這個人物是否是鬼的唯一標準是，故事中的這個人的死亡是個大家都理解或認同的事。類似地，《呂氏春秋》中的一個故事中提到了一個頑皮鬼，它能夠偽裝成村民的兒子和兄弟，並捉弄他們。沒有任何一個村民能僅憑它的外表就知道這個鬼是不是「活人」：

> 梁北有黎丘部，有奇鬼焉，喜效人之子侄昆弟之狀。邑丈人有之市而醉歸者，黎丘之鬼效其子之狀，扶而道苦之。丈人歸，酒醒而誚其子，曰：「吾為汝父也，豈謂不慈哉！我醉，汝道苦我，何故？」其子泣而觸地曰：「孽矣！無此事也。昔也往責於東邑，人可問也。」其父信之，曰：「嘻！是必夫奇鬼也，我固嘗聞之矣！」明日端復飲於市，欲遇而刺殺之。明旦之市而醉，其真子恐其父之不能反也，遂逝迎之。丈人望見其子，拔劍而刺之。丈人智惑于似其子者，而殺其真子。夫惑於似士者，而失於真士，此黎丘丈人之智也。[44]

雖然這個故事看起來有點滑稽，顯示了老人的愚蠢，但它至少證實了我們的觀察，即在民間社會中鬼外貌形似活人的想法並不少見。而《呂氏春秋》的作者則借此將其作為觀察人事時應多慎重的例子。這是精英分子利用原本在社會上已流傳的故事並借機來宣揚教化的另一個例子。

《日書》的驅鬼文書中也提到了一個習慣與女子同居的鬼，並稱自己為「上帝子」（天神的兒子）。[45]這個鬼應該也是以人的形態出現的。所有這些例子都表明了一種當時的信念，即沒有足以有效區分人鬼和一般生者的特定生理特徵。倘若沒有《日書》等冊籍的指導，人們不可能知道這個東西事實上就是個鬼。那麼，人們以後是否能確認他們究竟有沒有看到鬼，也就說不準了。

有的鬼確實有著一些不尋常的外貌特徵，比如晉王夢中出現的鬼一頭亂髮蓬鬆散落到地上。[46]《韓非子》中一個關於通姦者的有趣故事告訴我們，一個（男）鬼可能看起來像一個頭髮蓬亂的裸體男人：[47]

> 燕人李季好遠出，其妻私有通于士，季突至，士在內中，妻患之，其室婦曰：「令公子裸而解髮直出門，吾屬佯不見也。」於是公子從其計，疾走出門，季曰：「是何人也？」家室皆曰：「無有。」季曰：「吾見鬼乎？」婦人曰：「然。」「為之奈何？」曰：「取五姓之矢浴之。」季曰：「諾。」乃浴以矢。〔一曰浴以蘭湯。〕

這個故事暗示了鬼是人的一種靈性存在的想法，而且裸體鬼的形象與上面提到天水放馬灘秦簡中的復活故事也產生了共鳴，因為該故事中也說死者不喜歡穿衣服。然而，對鬼的這個想法似乎並沒有

44 《呂氏春秋集釋》二二：五b。同一則故事也見於干寶的《搜神記》：《搜神記》，頁一九八。

45 睡虎地秦墓竹簡整理小組一九九〇，頁二一五。

46 《左傳正義》二六：二九。討論見下。

47 《韓非子集解》，頁一八二—一八三；亦見：Poo 1998，頁五八。

在古代中國或其他任何地方的集體想像中廣為流傳。大多數關於鬼的描述都顯示它們穿著合適的衣服——例如杜伯穿著紅色的長袍和帽子——這表明了關於鬼的概念的一個基本問題：為了能識別鬼，它必須有合適的衣服才可能以正常且常見的方式被識別出來。一個赤裸的鬼可能就等於不知其名的鬼。

然而，上述例子中的鬼好歹仍然是人類的樣貌。其他故事則指出死人的鬼有可能變成動物的形狀，[48]或反之亦然。就像在古美索不達米亞或古希臘社會中陰影一般的鬼（見第七章），在中國古代也有類似的概念，好比這個神經多疑的人的故事：

> 夏首之南有人焉；曰涓蜀梁。其為人也，愚而善畏。明月而宵行，俯見其影，以為伏鬼也；仰視其髮，以為立魅也。背而走，比至其家，失氣而死。[49]

可憐的涓蜀梁的故事暗示了一個被陰影般無形的鬼所困擾的世界，我們將在第七章討論古美索不達米亞和古希臘的一些鬼魂，和這裡的鬼十分相似。當然，當荀子講述這個故事時，他關心的並不是鬼的外表，而只是利用這個故事來強調保持理智和理性的重要性。在秦代《日書》的驅鬼篇中，鬼被描述為具有各種不同的模樣，有的像人，有的像生物，有的像非生物的東西。我們大可將驅鬼文書當作繁榮的幽靈社會中的一份鬼類目錄。

驅鬼文書中的文字進一步地明確指出，它有權威來確定是哪些鬼導致人們體驗到某些奇怪的現象、疾病或其他災難。有時即使沒有看到鬼，某些奇怪或災難性的事件也可以被確定是鬼的作為；因此，需要舉行儀式來根除它們：

> 一室中臥者眯也，不可以居，是……鬼居之，取桃枱（棓）椯（段）四隅中央，以牡棘刀刊其宮牆，呼之曰：「復疾趣出，今日不出，以牡刀皮而衣。」則毋（無）央（殃）矣。50

因此，人們的經驗必須得到某個權威（在這種情況下即是《日書》）的認可，才能被承認或想像為與鬼的行為有關。換句話說，經驗、想像和文化裁定（cultural sanction）之間存在相互關聯。人們往往不能僅憑一看鬼的身體狀態就知道這是鬼，除非鬼被賦予某些屬性，例如蓬亂的頭髮和赤身裸體，或者其他明顯的邪行惡為。但如果是看不見的鬼，人們還得靠想像力和權威解釋才能確認自己的經歷。

看來若要能辨認出鬼，諸如怕黑等心理因素，以及怪聲、身體不適或疾病等生理體驗，全都必須得到解釋。而類似《日書》的驅鬼指導手冊，或《漢書．藝文志》中提到的驅鬼文獻則可以得出這些

48 《左傳正義》八：一七。
49 《荀子集解》，頁二七〇。
50 睡虎地秦墓竹簡整理小組一九九〇，頁二一四。

詮釋（見第三章）。

事實證明，先秦時期與鬼有關的形象和敘述大多是負面的。《莊子》中有齊桓公與沼澤鬼的故事。齊桓公在沼澤地打獵時，看見了一個鬼。當他回來後，他就病倒了。因此，人們認為桓公受到了鬼的傷害。有個叫皇子的人去見桓公，告訴他不是被鬼傷害，而是因為桓公體內的「氣」不平衡。儘管如此，桓公還是提問鬼是否真的存在。皇子於是給了肯定的回答，接著描述了居住在各地的各種鬼。棲於沼澤中的鬼，名為委蛇，「其大如轂，其長如轅，紫衣而朱冠……惡聞雷車之聲，則捧其首而立。見之者殆乎霸。」桓王聽完笑道：「此寡人之所見者也。」接著他整了整衣襟與帽子，與皇子並坐。不到一天，他的病就痊癒了。[51]

這故事本身當然是對齊桓公虛榮和懦弱的諷刺，但也體現了說故事的皇子的智慧，他應該有成為雛形心理治療師的資格，因為他通過操弄齊桓公的驕傲和恐懼，將見鬼的凶兆變成吉相。然而，這則故事的背景是基於一個普遍的觀念，即鬼魂可能具有奇怪和可怕的特徵。此外，委蛇的故事很可能不是作者的發明，而是基於當時的信仰，因為類似的精怪也見於可能編纂於戰國末期或漢初的《山海經》，那是一部關於世界地理資訊的匯總大全，其中包括對地方信仰的描述。[52]

讓人感到奇怪的是，在目睹了所有這些對鬼形象的描述之後，如今我們卻很少有真正的古代鬼畫可供我們觀看。如第一章所述，有一些奇怪的「神」或「怪」的案例在隨葬品中被發現，包括曾侯乙墓漆棺上的神怪和馬王堆一號墓辛追夫人的彩繪棺材。但這些形象基本上是善良的保護靈，而不是所謂死者靈魂的「鬼」。似乎直到唐初才有一些畫家以專門畫宗教人物、神靈和鬼而聞名。眾所周知，唐代著名畫家吳道子（約西元六八〇—七五九年）曾畫過「地獄」（佛教陰間）的場景，描繪了受苦的鬼以達到說教的目的。張彥遠（約西元八一五—九〇七年）在《歷代名畫記》中提到了吳道子的成就，以及一些佛教寺廟保存了吳道子等畫家所繪製的「神鬼」。[53]這些畫作都沒有留下。在中國美術史上，或許正是因為鬼所伴隨的那些陰邪或不祥的聯想，「鬼」似乎並不是人們平時想畫的題材。清代畫家羅聘（西元一七三三—一七九九年），以其系列鬼畫作為社會諷刺而聞名，恰恰是一個能證明這個規則的例外。

總而言之，辨認出鬼並確定其名稱和行為，是與鬼打交道的重要第一步。雖然普通人可以借助《日書》之類的手冊來識別鬼，但實際情況可能要複雜得多，使得某些權威——即具那些有識別鬼專業知識的人——必須參與其中。因此，與專門負責崇拜神靈事務的權威宗教人士類似，識別鬼魂的業務也產生了一些專家，他們掌握了見鬼事務的解釋權。他們是鬼被確認之後鬼與人之間的調解人。正如我們稍後將看到的，這些人後來包括了巫師、道士和佛教僧侶。

51 《莊子集釋》，頁六五〇。
52 Poo 1998，頁九八。
53 《歷代名畫記》，頁三一一—三三。

三、鬼與人的關聯

上述討論表明，人們普遍認為鬼一詞基本上是指死去人類的靈魂，儘管其他非人類的靈魂也可以稱為鬼。因此理論上而言，每個人死後都會成為鬼，加入到祖先的行列。然而並不是所有的死者都會和其他祖先在一起，而是會回來打擾生者。為什麼這些鬼會出現，或者是什麼導致它們出現？一種普遍的看法是，死於暴力、非自然死亡或早亡的人會變成厲鬼，出現在他們的親屬或朋友面前要求適當的祭祀和安葬，或者出現在他們的敵人面前，為他們曾遭受到的「冤屈」（無論他們是否應該受到這樣的對待）報仇雪恨。

《左傳》中有一個著名的故事，講述了伯有成為厲鬼，他是一個腐敗的鄭國貴族，死於內亂。他的鬼後來被人們看到，據稱他對敵人下的一些詛咒似乎已經實現了。後來，能幹的大臣子產想出了個給伯有之子封官的主意，讓伯有的鬼能滿足，因為他的子孫現在可以用官位的榮譽來好好祭祀他了。子產的解釋是「鬼有所歸，乃不為厲，吾為之歸也。」後來子產被問及此事——「伯有猶能為鬼乎？」——子產這般回覆：

> 能。人生始化曰魄，既生魄，陽曰魂，用物精多，則魂魄強，是以有精爽，至於神明，匹夫匹婦強死，其魂魄猶能馮依於人，以為淫厲，況良霄〔亦即伯有〕。我先君穆公之冑，子良之孫，子耳之子，敝邑之卿，從政三世矣，……而強死，能為鬼，不亦宜乎。54

這裡有一個觀念，即死於暴力（強死）的人可能會成為復仇的厲鬼。大多數學者引用這段話來討論魂和魄的本質，即魂是靈魂的陽部分，會飛上天，而魄是靈魂留在墳墓裡的陰部分。[55]然而，這個故事中有一點在過往的討論中並沒有受到太多關注。那就是「伯有猶能為鬼乎？」的問題。這個問題被提問的前提似乎表明伯有已經得到了妥善的葬禮，他不應該再回來害人。子產的回答指出，雖然他被安葬了，但因為伯有死於強死，他的鬼回來報仇是理所當然的。所以「伯有猶能為鬼乎？」這個問題的意義應該被理解為「伯有猶能為厲鬼乎？」也就是說，為鬼這個詞應該理解為「製造幽靈般的惡意」。在之前的故事裡為伯有的子嗣設立官職後，他的鬼魂應該將不再出現，儘管這與我們這裡所討論的有些矛盾，但這段話恰恰暗示每個人，無論是平民還是貴族，在他們強死後都可能成為厲鬼。值得一提的是，這個故事中對於鬼復仇的態度，相當的「中立」；也就是說，任何人的鬼都可以為自己報仇雪恨，不管這個人在生者眼中是不是個行義之人。因此，即使是道德欠缺的人（如伯有）的鬼魂，仍然可以回來糾纏生人，並聲張他擁有適當的喪葬祭奠的「權利」。

這裡有趣的問題是，當一個人還在世的時候，魂和魄就已經人體內生長。《韓非子》中的一段話也暗示了它們與鬼的不同之處：「鬼不祟人則魂魄不去。」[56]這段文字似乎暗示了一個人在死之前，

54 《左傳正義》四四：一三一一四。

55 Yu Ying-shih 1987；Brashier 1996；Poo 1998，頁六二一六六。

56 《韓非子集解》，頁一〇四。

他的身體裡已有魂和魄；而據子產的話來說，當一個人強死時，魂和魄可能會變成惡鬼。也就是說，魂和魄在人死後可以與人分離，成為鬼。從詞源上看，魂和魄這兩個字都是用鬼部首造的，這表明了它們與鬼在語義上相關密切；因此，它們的區別之間存在一定的模糊性。還值得我們注意的是，長期以來學術傳統都太過強調這段關於魂和魄本質和差異的文獻的重要性。我們應該承認，這段話只是小邦鄭國能臣和精明的政治家子產在漫長職業生涯中的一個插曲。不管子產是不是真說過這話，這些話都不應被當成是關於魂和魄本質的權威性、哲學性深思熟慮的論據，彷彿子產的話足以代表整個春秋時代魂和魄的意義。到了漢代，魂和魄的區別，如果有的話，已經消失了，而鬼和魂逐漸成為同義詞。[57]

讓我們回到厲鬼的起源。根據《左傳》中的另一個故事，厲鬼的報仇似乎也不僅僅為自己，還為他的親族所遭受的不公：

> 晉侯夢大厲，被髮及地，搏膺而踊曰：「殺余孫，不義！余得請於帝〔即上帝〕矣！」壞大門及寢門而入。公懼，入於室。又壞戶。公覺，召桑田巫。巫言如夢，公曰：「何如？」曰：「不食新矣。」[58]

在這些案例中，很明顯，鬼與人之間的互動，是建立在強死或過早死亡的困境中尋求解決之道的主題之上的。也就是說，鬼正因為有未竟之事需要處理，才回來找自己的親人或者仇人解決。因此，這種關係可以說是片面的：鬼需要與生者接觸以滿足它們的需要。事實上，這種想法在許多文化中都很常見，[59]它反映了生者的集體焦慮，尋求解決社群內的衝突，並希望確保世代的和平繼承以維持社會的穩定，因為意外死亡或強死會導致社會結構的破裂，讓從搖籃到墳墓的生命歷程不能平穩過渡。一般的人在死後都會有適當合宜的墓葬過程，被平靜地擱下，加入先祖行列，然後被遺忘。另一方面，不幸的死者和他們的鬼觸及了生者良心的不安。直到這些死者的苦狀得到糾正，或者通過報復對他們的不公正對待，或者通過補上適當的葬禮和供養，他們的鬼才會回歸應去的地方，不再打擾生者。

然而，我們不應將這種解釋擴大到所有關於鬼的敘述上，因為有些鬼，例如《呂氏春秋》中描述的頑皮鬼，其名聲顯然不來自復仇。在中世紀早期（西元四至六世紀）的志怪文學中，確實有鬼要求適當葬禮或重葬，或為它們所遭受錯事而報仇的例子。然而，也有一些友善或基本無害的鬼。這些例子固然來自對鬼行為或許有著更人性化描述的文學作品，這些人性化描述或許是為了創造戲劇效果，但它們也可能反映出社會上廣為流傳的思想，甚至對後世鬼的流行想像產生了一定的影響。我們將在第四章探討這些故事。

57 相關討論，請見：Yu Ying-shih 1987；蒲慕州一九九三a，頁二一六—二一七；Brashier 1996。

58 《左傳正義》二六：四五〇—四五一。

59 Schmitt 1998，頁五—七。

上述對鬼與人關係的考察，是建立在對鬼及其活動的直接描述的基礎上，但對這個議題還有另一種研究途徑，即通過理解生者與死者關係如何被定義和表達，來考察各種宗教儀式。因此，下面我們將討論早期中國的宗教和驅鬼儀式，並試圖提供一些關於鬼人關係的證據。

四、儀軌與驅鬼

墓葬儀式

葬禮基本上是一種調解死者個人、家族和社群的宗教和社會活動。在早期中國，這明顯是一個包含著各種社會政治因素的事件：家庭的在世成員與死者之間的關係需要以適當的儀節設施來顯示，而死者及其家人在社會等級中的地位需要通過適當的葬禮來展現。此外，死者在冥界的需要得通過提供陪葬品來保障，而通過所有這些的安排，也可以展現死者家族的財富。除了準備墳墓和各種陪葬品外，還需要確保特定儀式被舉行，特定保護咒語被宣讀、寫下並埋葬在墳墓中。我們不得不假定，所有這些都是對死者福祉以及人鬼和諧關係的集體考慮的結果。

商代墓葬的發掘表明，有相當的喪葬儀式以人畜犧牲的祭祀形式存在，而這與鬼和冥界的概念密切相關。在墓坑底部，狗等動物被埋在所謂的「腰坑」中。在棺槨和隨葬盒具安放後，如果是皇家陵墓，則進行人祭，將犧牲者的人頭和無首屍體埋在坡道的台階上。[60]然而，個別儀式的確切過程尚不清楚。毋庸置疑，人犧牲祭祀的習俗雖然殘酷，但這說明了早期人們相信冥界的存在，犧牲者的鬼被認為會為死去的統治者服務。西周時期青銅器上的一段銘文提到該器皿的已故主人應該跟隨他的主人周王一起去往「地下」，這可能是最早的文字證據。[61]

《詩經》記載了一些關於西周時期喪葬儀式和鬼觀念的零碎資料。裡面提到，當一個男人去世時，家族會選擇一名年幼的孩子，通常是死者的孫子，裝扮成死者，代表死者接受食物和祭祀。這種為死者製作一個活人像的製「尸」習俗，可能早在商代就已經存在。[62]《儀禮》中有一類記載了士大夫葬禮儀式的文獻彙編——也就是《士喪禮》。大多數這些儀式都是設計用來區分各種社會關係，並為從死亡時刻、安葬到隨後儀式獻祭整個過程的舉止規範提供指導。其中一個例子的文段涉及鬼的概念：

> 死於適室，幠用斂衾。復者一人以爵弁服，簪裳于衣，左何之，扱領於帶；升自前東榮、中屋，北面招以衣，曰：「皋某復！」三，降衣於前。受用篋，升自阼階，以衣尸。復者降自後西榮。[63]

60 Chang 1980，頁一一〇—一二四；黃展嶽一九九〇。
61 張政烺一九八一。
62 胡新生一九九〇；方述鑫二〇〇〇；葛英會二〇〇〇；Lai 2015，頁一一五—一二一。
63 《儀禮注疏》三五：一一—四。

這種招魂的儀式顯然是戰國時期盛行的一種習俗。著名的《楚辭》是一種起源於楚地區（今湖北和湖南兩省）的文學體裁，由詩人屈原（西元前三四三—二七八年）所著，其中有一章名曰〈招魂〉，就是對招魂儀式的文學演繹。詩人告誡死者的靈魂不要前往未知的世界：既不去蒼天之上，黃土之下，也不去四方，因為生者的世界是唯一安全的棲身之所。[64]顯然，這種儀式背後的想法是死者的靈魂應該與身體一起埋葬在墳墓中。換句話說，這是一種旨在使死者復活的法術儀式。因此，這與丹的復活故事中所包含的想法有一定的相似性。丹的鬼和身體一起住在墳墓裡，這讓他有復活的可能。

這種儀式和上面提過尸的運用表明，在人死後鬼與家人之間的聯繫關係上，兩者有截然不同的態度——需要注意的是，這裡談論的不包括家庭的女性成員。在祭祀儀式中用來代表死者的尸，似乎暗示了希望死者能夠復活並享受供品。然而，我們不清楚當時是否真的有這種願望，希望死者的鬼能以某種方式附身在孫子身上，然後享受供品。或者，也可能恰恰是人們知道這個願望不可能真的發生，那麼孫子被選中來扮演死者，就是一種宣稱死者的鬼不會再回來了的儀式。因此，對尸的含義和功能可能有截然相反的兩種解釋。另一方面，招魂儀式說明了死者的靈魂會以某種方式飛向四面八方；於是，司祭會主動嘗試將死者的鬼招回到衣服裡，然後通過給死者披上衣服，把死者的靈魂／鬼還給了身體。

無論《禮記》中所描述或規定的儀式是否真的在歷史上曾按部就班地實踐過，我們都可以假定它們在一定程度上代表了統治精英之間普遍認同的社會習俗以及他們對鬼的觀念。然而，同樣明顯的是《禮記》並不是一份田野報告，其內容是經過多次編輯、根據意識形態進行修飾，並且在時代洗刷之下歷經劫難才得以流傳的結果。而當我們對照實際的行為時，對《禮記》中描述「規範」的偏離似乎是常態。這不僅涉及棺槨和陪葬品的安排，還包含與葬禮相關的儀式。例如，即使在如今中國的某些地方，招魂儀式仍然是一種流行的民間習俗。與《士喪禮》中的描述不同，在當代台灣招魂儀式通常是為意外死亡而舉行，例如交通事故之後，家人需要將死者的靈魂從事故發生的地方召回，並使用一面招魂旗幟，將靈魂引導回他們的家中，來舉行適當的葬禮。剛剛死去的人的靈魂被稱為魂而不是鬼，這之間有種刻意的微妙區別來表明後人與死者之間的關係更為密切，因為鬼帶有更多陌生甚至潛在的惡意。另一方面，與傳世的經典文獻不同，考古發掘中發現的儀式文本可能為我們提供了一種對當地的葬禮儀式和鬼觀念的直接描述。[65]

喪葬儀式通常是為那些死於自然原因的人舉行的；至於那些英年早逝的人，例如馬革裹屍的，就需要不同的儀式。這種儀式的一個例子來自於湖北省九店市一座墓葬出土的一份西元前四世紀晚期的文獻。這段文字似乎是百姓寫向當地武夷神的祈禱文範本，武夷被認為是上帝（天神）委派來管理戰死之人的鬼，並使它們能回家接受家人提供的食物祭品。這篇有點晦澀的文字如下：

64　Yu Ying-shih 1987。

65　一項對中國現代喪葬習俗的研究表明，儘管各地存在差異，但總體上卻存在統一的喪葬儀式，這便是古老文化同質化的結果。見：Watson 1988。

〔皋〕！敢告□繳之子武夷：「尒居復山之基，不周之野，帝謂尒無事，命尒司兵死者。今日某將欲食，某敢以其妻□妻汝聶幣芳糧，以量犢某于武夷之所。君昔受某聶幣芳糧，思某來歸食故。[66]

這段文字相當難懂；然而，大概意義或多或少是確定的。作為對武夷神的祈求，該段文字的作用，是確保戰場上陣亡將士的鬼能安全返回家園。因此從某種意義上說，這也是對戰死者的某種招魂儀式。有這樣的範本就意味著社會普遍接受類似的信仰，正如《左傳》所說：「鬼有所歸，乃不為厲。」《楚辭》和《禮記》中所描述的招魂儀式只不過是實現這一目標的方法之一。

日常生活中的驅鬼儀式

葬禮雖然旨在照顧死者的鬼魂，讓他們有一個安息的地方，但葬禮也可以看作是一種能平息怨鬼所引起的敵意的預防措施。然而，在一個充斥著由惡靈所造成無數潛在災難的世界中，這顯然是遠遠不夠的。人們需要進行各種日常儀式來防止可能受到厲鬼的傷害。這些儀式和驅鬼方法展示了人們的日常生活如何與鬼和人外世界（extra-human）密切相關。

前面提到的睡虎地《日書》中保存了一些驅鬼的說明，可以讓我們對人們日常生活中舉行的驅鬼儀式有所瞭解。[67]該文原題〈詰〉（「詢問」之意），開頭是對這類儀式咒語和做法的宗旨的一般介紹：

詰咎：鬼害民罔（妄）行，為民不羊（祥）。告如詰之，道令民毋麗凶央（殃）。鬼之所惡：彼窟（屈）臥箕坐，連行奇（踦）立。68

伴隨著這個介紹，文獻陸陸續續提供了數十條驅逐各種鬼和惡魔的儀式說明。以下列出幾個例子便足以說明這類儀式的一般性質：

人毋（無）故鬼攻之不已，是是刺鬼。以桃為弓，牡棘為矢，羽之雞羽，見而射之，則已矣。人毋（無）故鬼昔（藉）其宮，是是丘鬼。取故丘之土，以為偽人犬，置牆上，五步一人一犬，睘其宮，鬼來陽（揚）灰毄（擊）箕以喿之，則止。鬼恆為人惡瞢（夢），（覺）而弗占，是圖夫，為桑丈（杖）奇（倚）戶內，復（覆）鬴戶外，不來矣。69

66　湖北省文物考古研究所一九九五，圖版一一三；湖北省文物考古研究所與北京大學中文系二〇〇〇，頁一三、五〇；陳松長一九九八；周鳳五二〇〇一。

67　Harper 1985；Kalinowski 1986；蒲慕州一九九三a；劉樂賢一九九四。

68　睡虎地秦墓竹簡整理小組一九九〇，頁二一二。

69　睡虎地秦墓竹簡整理小組一九九〇，頁二一二。

一般來說，文本首先描述了鬧鬼的情況，確定麻煩的根源，然後描述驅逐厲鬼或惡魔所必須採取的做法。這些做法通常包括使用特定物件或擺出特定身體動作，包括引言中描述的姿勢，例如斜倚、像箕筐一樣的坐姿，或單腳站立，偶爾還有咒語輔助。這就是為什麼這類文獻經常被稱為「驅鬼文書」的原因。

值得注意的是，《日書》在驅逐惡魔和邪靈的列表中，沒有神祇或神靈被召喚來幫助。一份關於這類儀式中驅鬼方法的研究表明，人們所依靠的這些具有驅鬼力量的物件可以分為幾類：（一）棗木、桃木、桑木、羊毛草、蘆葦、竹子等植物製成的物品；（二）狐狸尾巴或貓尾在內的動物器官；（三）有難聞異味的物品，如狗、豬的糞便；（四）沙、灰、黃土、白石、水、火等無生命物質；以及最後是（五）如箭、鼓、鈴、劍和鞋子等人造物。通常需要採取的行動很簡單，但有時文字只說出「尋找它並擺脫它」，而沒有具體說明擺脫鬼或惡魔的確切方法。還有一些例子，驅鬼儀式僅由動作組成，例如「解開頭髮並衝過去」，而不借用任何工具或物件。

人們為什麼會認為這些物件或行為能有效驅除鬼和邪靈，其原因尚未完全理解。某些物品，如桃木或桑樹，早在過去就已經被討論過。例如，清代學者俞正燮（一七七五—一八四〇）曾大量收集了關於桃木和桃符神力的民間信仰資料。[70]最近的學術研究強調味美的桃子是一種珍貴而有營養的水果，重視它的藥用效果，以及它在古代神話中的地位。[71]另一方面，桑樹在古代中國是生育的象徵，因此具有一定的奇效。

《韓非子》中著名的李季妻子不軌的故事，以及後來的唐代敦煌文獻《白澤精怪圖》，都說明了可以用動物糞便來嚇退鬼與惡魔。[72]這種風俗似乎源於人們對髒汙和被汙染物品的厭惡。這種厭惡隨後被賦予在鬼身上，並假設它們也害怕這種髒汙。這種觀點可以在前面提到的復活故事中找到佐證。根據這個故事主人公的證詞，在死者的世界裡，鬼不喜歡他們的墓地被人嘔吐或被其他不潔之物汙染。[73]

像箕筐一樣的坐姿被視為一種帶攻擊性或不雅的姿勢，這有可能是一種性暗示。針對這一思想的古典出處是孔子斥責原壤箕坐的故事。[74]因此，使用這樣的坐姿來抵禦邪靈可能是一個合理的發展，因為它假設鬼對這種行為的情緒反應與人類相似。至於其他姿勢，它們的共同特徵——就像箕坐一樣——就在於它們不遵守規則，與正常的日常身體姿勢對著來。從這個角度來看，用禹步[75]來行走可以看作是另一種不符合常規的身體姿勢或動作，因此被當作具有巨大的驅鬼力。

驅鬼的對象是各種鬼怪。驅鬼文書中使用的術語包括鬼、妖或神（如神狗）。如前所述，神一詞更多地指的是鬼或惡魔的超自然力量，而不是被視為「神明」本身。而且，各種動物和昆蟲，甚至是

70 俞正燮一九五七，頁三五九—三六一。
71 羅漫一九八九。
72 黃永武一九八一—一九八六，第一二三冊。
73 李學勤一九九〇；Harper 1994。關於污染概念的理論性探討，請見：Douglas 1966。
74 《論語注疏》一四：一八。討論請見：李濟一九五三。
75 睡虎地秦墓竹簡整理小組一九九〇，頁二四〇；Schipper 1993，頁八五、一七三—一七四。

雷、雲、火、風等自然現象也可以認為是凶惡而需要驅除。這些災難的世俗本質被認為是源於鬼與惡魔的惡行，並且進一步地說明了驅鬼文書使用者的日常生活與該文書中包含的各種驅鬼儀式之間有著密切的聯繫。當未知的疾病或自然災害發生時，正如文書中所建議的那樣，人們會在自身以外尋找原因。換句話說，個人的道德被認為與生活中遇上的所有這些困難毫無關係。

驅鬼文書中對於驅鬼描述的另一個特點是，在執行儀式時不需要像巫這樣的儀式專家。從理論上講，任何可以獲得《日書》並且能夠閱讀或被告知要做什麼的人，都可以按照指示執行驅鬼儀式。可以說，這就是一本「自助式」的驅鬼手冊。這背後的心理因素相當耐人尋味。如果儀式本身——包括使用特定物件和演出特定身體動作——是強大而有效的，而儀式操作者只是一個中性代理人，沒有任何專家「資格」，不能像巫一樣將神聖或強大的物件和行為聚集在一起，那麼儀式行為與操作者之間應該沒有直接關係。換句話說，驅鬼儀式被理解為一種純技術的行為，就像使用藥物來治療疾病一樣。事實上，在漢初發現的醫學文獻中，如馬王堆帛書《五十二病方》中，驅鬼術、咒語與草本藥方並列。例如，治療疣的儀式如下：

> 以月晦日日下餔時，取凷（塊）大如雞卵者，男子七，女子二七。先【以】凷（塊）置室後，令南北【列】，以晦往之凷（塊）所，禹步三，道南方始，取凷（塊）言曰由言曰：「今日月晦，靡（磨）尤（疣）北。」凷（塊）一靡（磨）□。已靡（磨），置凷（塊）其處，去勿顧。[76]

該指示與驅鬼文書中的指示相似。任何能夠遵循文獻中所給出指示的人，都可以是執行者。所採取的儀式行為被視為一種處方，就像可以治療疾病的藥方一樣。總而言之，驅鬼文書一類儀式手冊的存在已經清楚地表明，社會上對於應對眾多仍在人世間糾纏的鬼，存在著一種急迫而又普遍的需求。鬼似乎類似一般害蟲般地存在於社會中，可以通過一些簡單（且便宜）的方法來驅除。驅鬼文書中的驅鬼儀式總體上簡便，不需要大量的準備和昂貴的設備，也不需要儀式專家來執行，無疑地表明了這些方法的使用者來自社會階層的底部。

這種心態反映出的宇宙觀非常耐人尋味。如果所有驅鬼的元素都已經存在於世間，似乎人們也就不需要任何神靈的說明來驅鬼了，而且《日書》中也確實沒有這類請求神靈相助的文字。它進一步顯示對世界的一種物質主義式的理解，因為鬼與靈是根據物質性類型的存在而構想出來的，所以它們也可以通過物質主義式的或有形可知的方法來消除。當然，《日書》中所顯示的這種心態可能只代表特定社會群體在某些特殊情況下的表現。然而，這種對世界的非道德性理解，認為生者與死者之間的關係由適當的埋葬和犧牲等相互義務來定義，也就意味著生者與死者之間的關係沒有太多模糊的邊界。

另一方面，我們也知道，一般而言，對於鬼的管轄治理自有司命，或者武夷等神明，負責將戰死者的鬼找回來，並遣返回它們生前之所在。因此，鬼世界的圖景有點像人間的世界：在地方層面，人們傾向於自己解決日常需求，而在國家或政府層面，官員需要控制人口並考慮統計數字。至於冥界官

76　Harper 1998，頁二四四—二四五。

僚系統化的問題，我們將在下一章再談。

五、鬼概念的宗教與社會背景

商周時期的宗教信仰依據其特徵可以概括為同一組信仰，包括對上帝、天的信仰，其中包含各種自然神——山川河流，以及各種自然現象——還有祖靈，以及各種來歷的邪靈。這些神靈組成一個鬆散的系統，以天上的上帝為一切的最終仲裁者，並且各種靈之間存在一定的等級順序。其中，厲鬼雖然位居著靈界的下層，但無疑對世人造成最大的焦慮。非自然死亡或是被剝奪適當葬禮的人會成為厲鬼並回到人間，這種想法可以被視為是為了要完成照顧祖靈這種公共需求的一個願望。只有當死者得到適當的葬禮和定期的祭祀，他們的靈才能得到安寧，並確保祖先們被適當對待，也就不會回來困擾人們。至於那些死於暴力或冤死的人，他們的鬼的復仇似乎往往不可避免。

在某種程度上，我們引用的文獻所代表的社會和知識背景定義或制約了我們對某一種鬼論述之所以出現之原因的理解。在精英階層的文獻中，有關鬼的說法大多都是處於為了傳播某些道德價值觀的語境中。也就是說，在各種世界觀或哲學體系的背景下，無論是儒家、道家、墨家還是法家，鬼的概念都被用作一種道德化或理論化的工具。《莊子》中一則關於路邊骷髏鬼的故事就是一个很好的例子：

> 莊子之楚，見空髑髏，髐然有形。撽以馬捶，因而問之，曰：「夫子貪生失理，而為此乎？將

子有亡國之事、斧鉞之誅，而為此乎？將子有不善之行，愧遺父母妻子之醜，而為此乎？將子有凍餒之患，而為此乎？將子之春秋故及此乎？」於是語卒，援髑髏，枕而臥。夜半，髑髏見夢曰：「子之談者似辯士，視子所言，皆生人之累也，死則無此矣。子欲聞死之說乎？」莊子曰：「然。」髑髏曰：「死，無君於上，無臣於下；亦無四時之事，從然以天地為春秋，雖南面王樂，不能過也。」莊子不信，曰：「吾使司命復生子形，為子骨肉肌膚，反子父母妻子閭裡知識，子欲之乎？」髑髏深矉蹙頞曰：「吾安能棄南面王樂而復為人間之勞乎！」[77]

《莊子》的作者顯然是用鬼的概念來作為宣揚自己想法的一種方便的文學工具，意在說明生命中最重要的是擺脫世間俗務束縛的自由。但諷刺的是，這種自由只有鬼才可以享受。這個故事還表明，鬼會出現在夢中的想法是當時社會上的普遍認知。

於是，透過談論和書寫鬼事，人們創造了一個心理世界，一個虛構卻具有某些實用功能的信念世界。這其中顯然就有道德教化的作用，例如孔子說的「非其鬼而祭之、諂也」[78]或「務民之義、敬鬼神而遠之、可謂知矣。」[79]此外，鬼故事可以為信仰體系中的某些人增加威望：先祖、驅鬼人，以及

77 《莊子集釋》，頁六一七—六一九。
78 《論語注疏》二：一〇。
79 《論語注疏》六：八。

那些能與鬼打交道的人。《墨子》甚至在〈明鬼〉一章中直言，信鬼可以作為一種政治工具，使人們因為恐懼鬼而保持一定的克制，從而建設一個更好的社會：

> 今天下之王公大人士君子，中實將欲求興天下之利，除天下之害，當若鬼神之有也，將不可不尊明也，聖王之道也。80

這種哲學或文學論述中關於鬼的論述，當然不應與社會上普通人心中的鬼概念相混淆。然而，為了使哲學或文學論述有效而且令人信服，不可否認的，作者的論點或陳述必須建立在一個被普遍接受（但不一定是唯一）的鬼概念上。因此，雖然莊子可能藉用鬼故事來表達他個人獨特的哲學觀點，但我們仍然可以假設這個故事的基本概念，即鬼出現在夢中，在當時社會中一定是很普遍。

另一方面，這些更貼近人民日常生活的文學類型，如《日書》的驅鬼文書，可能更能揭示大眾心態反映出的現實。雖然《日書》只能追溯到西元前三世紀中葉，但裡面的文獻門類豐富，能滿足各種日常需要，這一事實表明，如今我們看到的《日書》已經是長期發展的產物。更何況，睡虎地秦墓主喜擁有兩個版本的《日書》，看來也不是什麼獨一無二、特別的東西。由於這兩個版本並不完全相同，而且似乎不是彼此複製而來，因此兩者都必定基於另一份或多份相似的文本。因此，倘若有不同的版本被大量複製並分布在各地，似乎是很合乎邏輯。事實上，到目前為止，考古學家已經發現了大約二十個版本的《日書》，所有版本的日期都介於西元前三世紀到西元後二世紀之間，並傳播遍布整個秦漢帝國。[81]例如，在睡虎地以西二千公里的甘肅省就發現了與睡虎地秦墓版本非常接近的《日書》。如此相似的文本幾乎同時出現在這片廣袤土地的兩端，這一事實足以表明當時的華夏大地上很可能有一個以《日書》為代表的共同宗教觀和世界觀。這一事實還表明，在從戰國時期到帝國統一的過渡過程中，除了政治和軍事措施，還有某種共同的文化認同與之平行存在，構成國家一統的基礎。

分析《日書》中有關日常行事凶吉的篇章，可以看出《日書》的主要使用者極可能是農民、士兵、工匠和政府低層官員，這說明了《日書》可能反映了社會中下階層的一般心態。[82]當然，所謂的「使用」《日書》，不是字面意義上「閱讀」的意思，而是按照能閱讀的人所傳達的說明指示來進行操作。《日書》的實際閱讀可能是一些有特殊資格的人和文化人的責任，他們充當了《日書》中所介紹知識的傳播者。考慮到西元前三世紀左右這時期的識字率，社會上很可能只有少數人會讀寫，而這些人大多是政府雇員。睡虎地墓主人喜本人就是這樣的縣級政府職員。他的工作之一可能是教當地人如何開展日常業務。因此，他所擁有的《日書》很可能是為了應付人們想要為各類事務諮詢吉日的參考工具。眾所周知，秦始皇最為後世批評的措施之一就是焚燒《詩》、《書》、各種哲學著作等經典書籍，以及除秦以外的各國歷史，僅僅保留了一些與醫學、占卜和農業有關的實用手冊。[83]《日書》在當時

80　《墨子閒詁》，頁一五四。
81　黃儒宣二〇一三。
82　Poo 1993b。關於此時期的識字率問題，請見：Harper and Kalinowski 2017，頁九七—一一〇。
83　《史記》六：二五五。

應該被視為不必受政府查禁的那類實用文書之一。

然而，政府官員可能並不是唯一可以取得和使用《日書》的人。戰國時期有些專業的日占師也可能給出驅鬼的指示說明。[84]總而言之，我們在《日書》的驅鬼文書中或精英階層的文書中見到的各種鬼，都有一個共同的特徵：除了與天神上帝和一些例如司命等的中級神有鬆散的聯繫，它們似乎不屬於任何有組織的信仰體系。在驅鬼文書的一個例子中，其中一個鬼被稱為「上帝子」，這表明存在著天神及其家人的概念。至於另一種說法，「上神」，從脈絡可以看出它並不是真正的高大神靈，而是一個可以被燈芯草殺死的相當「低等」的鬼：

> 鬼恆胃人：「鼠（予）我而女。」不可辭。是上神下取妻，毄（繫）以葦，則死矣。弗御，五來，女子死矣。[85]

顯然，這裡的「神」指的不是什麼神聖或仁慈的東西，而它可以被殺死的這個事實暴露了一種觀念，即在大眾心態中，鬼就像野獸一樣可以被殺死。這就觸及了一個關於鬼的本質的有趣概念，那就是：鬼並不是永遠存在於精神世界，而是生活在人間，與人互動，可以被殺死也可以被趕走。事實上，驅鬼文書中的鬼包括人類死者和非人類。於是，我們看到了一個想像出來的世界，裡面居住著各種來源的靈精，它們都可以被稱為「鬼」，有時甚至是「神」，但它們的力量都很有限。而且，這個鬼與靈的世界實際上與人間相互滲透，地方性的神和鬼一起構成了人類的社會結構。由此可見，對武夷神的祈求，基本上是為了處理安置他管轄地區的戰死者。對於任何有過治民經驗的人來說，鬼世界如果是沒有組織、一盤散沙，一定是令人望而生畏的。這種考慮似乎在戰國晚期就成型了，當時開始出現一種思想趨勢，將神鬼世界系統化，成為更加嚴密的結構。《禮記》和《呂氏春秋》中的「月令」就是一個明顯的例子，它將天帝和神祇安排到十二個月中，成為一個循環的宇宙結構。[86]《周禮》在構建完整的官方宗教體系方面也表現出巨大的努力。[87]就連《墨子》的作者也嘗試系統化，斷言世間有三類鬼。這些都預見或反映了大一統帝國建立後精神世界的結構。尤其是死者的世界，將成為一個類似於活人世界的地方，並且具有類似的官僚系統。[88]

回到天水放馬灘秦墓出土文獻中的復活故事，這是一個關於鬼的流行概念的明顯例子。然而，這個故事最引人注目的不是死者可以復活，而是故事描述了死者／鬼的感受，它們如何地不喜歡穿衣服，厭惡不潔的祭品，厭惡浸泡過肉湯的食物。這可能是第一個帶著更多同情心去描繪鬼本質的例子，這樣的表達方式在後來六朝鬼故事中得到了延續和闡述。我們在此可以感覺到一種情緒的變化：鬼曾經是人們試圖避開的可怖東西，因為鬼的形象只會讓人感覺恐懼和排斥。然而，鬼逐漸地被「人

84 《史記》一二七：三二一五—三二二二；Poo 1998，頁八五—八六；Kalinowski 1986。
85 睡虎地秦墓竹簡整理小組一九九〇，頁二一五。
86 《禮記注疏》六；《呂氏春秋集釋》一—一二。
87 《周禮注疏》一八：一—六。
88 Poo 1998，頁一〇三—一二一、一五七—一七七。

化」（humanized）了，它們的感受和需求得到更多的關注，而不一定只是那些會引起排斥或恐懼的惡行。例如，關於丹的鬼的故事沒有任何可怕的場景。當然，這種情緒的出現並不意味著它正在變得流行，或者在這個時候占據了整個圖景的顯著之處。它還需要一些時間才能發芽生長，而且事實上直到東漢晚期，它才在我們現有的研究資料中再次變得明顯，例如我們將在第四章討論的《風俗通義》。

有趣的是，在談話脈絡中能更隨意談到鬼的情況下，我們可以發現使用鬼一詞來指稱事物奇妙、古怪、狡猾甚至巧妙的普遍態度變得很流行。例如，在《戰國策》（約西元前三世紀晚期）中，記載著名戰略家蘇秦和李兌的機鋒對話，李兌說：「先生以鬼之言見我則可，若以人之事，兌盡知之矣。」蘇秦回應：「臣固以鬼之言見君，非以人之言也。」[89]他接著講了一個寓言故事，關於土偶和木偶之間的對話。這裡「鬼之言」是一個想當然耳、字面意義上的說法，表明這是人們日常談話中的常用詞。這無疑表明了一個廣泛共同的觀點，即鬼的概念代表了某些不切實際的、奇異的或非凡的品質。在相同的語言環境下，使用「鬼且不知〔兩國衝突的結果〕」[90]這一表達方式表明了一個可能的假設，認為鬼對未來事件的瞭解比人類多，並且它們不知何故擁有某種預知未來的能力。我們想起了希臘羅馬世界的招魂術（necromancy）習俗，它假設鬼魂擁有某種預言能力。[91]值得注意的是，從現代漢語的語言學角度來看，《戰國策》中的這些表達方式聽起來非常現代，甚至在現代漢語感歎詞中，如「鬼才知道」（即「除了鬼誰都不知道」）或「鬼話」（即「胡說八道」），都是《戰國策》作者很容易識別的日常對話中常見用法。另一方面，鬼也可作形容詞，表示狡猾的特質，如《韓非子》所說：「故明主之行制也天，其用人也鬼。天則不非，鬼則不困。」92

綜上所述，從商代開始，隨著文字的發明和鬼字的出現，鬼的概念已見於文獻。鬼的屬性不斷擴展，通常與人們生活中的一些不良因素相關聯，以至於人們對此感到害怕或討厭，就好比疾病或其他災難，都可以解釋為因鬼作用才引起。鬼的概念，因此成為了世上和社會集體意識所面對的各種令人不快、險惡、可怕或邪惡的事物的集合。但其實這可能是人們對人性本身的評價，因為作為人的靈魂，鬼本質上就是人。至於那些非人類靈魂的鬼，它主要是擬人化想像的結果。此外，對鬼的概念至少可以有兩個層次的理解。由精英階層撰寫或為精英階層撰寫的文本，有時會帶著懷疑的態度談論鬼，例如孔子；有時則會將之作為哲學或道德話語的方便工具，例如莊子和墨子，或甚至《左傳》的作者。代表更廣泛民眾日常關注的文本，例如《日書》，承認鬼真實存在，需要加以重視。人們一致認為，當鬼被其子孫好好安葬和祭祀時，它就不會再回來打擾人們，也不會變成厲鬼。因此，人們普遍希望他們的祖先能夠滿意於後人的照顧，並留在祖先靈魂所在的地方。然而，關於鬼報仇的故事和夢，既出現在精英階層的文學，也出現在日常使用的文本，例如驅鬼文書這類的驅鬼手冊，從而形成了鬼人關係的一種共識。從商代到戰國這一時期的文獻中，仍不太清楚的是鬼的歸宿。雖然墳墓顯然

89 《戰國策集注彙考》一八。相同的表達亦可見於：《戰國策集注彙考》一〇。
90 《戰國策集注彙考》八。
91 Ogden 2001。
92 《韓非子集解》，頁四八。

是死者進入那個未知領域的第一站，但那些對鬼這個話題有意見要表達的知識分子而言，他們既不曾認真地詢問過，也沒有系統性地回答過，人死後到底會如何，死者最終會去哪裡。如我們所見，招魂的儀式假設死者的靈魂／鬼可以自由地旅行。對這一時期墓葬演變的研究表明，墓葬的結構曾發生變化，儘管過程是漸進的，這個變化反映出人們對墓葬意義——不僅是對生者的意義，也是對死者的意義——的理解發生了變化。這種變化，從廣義上講，是認為墳墓從藏屍之所，轉變為死者可以在此生活的地方，這預示著一種將墳墓當作成生活區的更具體的想像。[93]現在的問題是，如果個人墳墓被視為死者的居所，正如丹復活的故事所表明的那樣，而集體墳墓形成了死者的社區，那麼伴隨在死者社區之後的下一個層次是什麼？死後世界大致上看起來是什麼樣子？在隨後的漢朝，當有更多證據逐漸浮現時，這些問題就會得到解答。

93　Lai 2015 提供了一種觀點，將墳墓僅僅視為靈魂前往冥界的一個中轉站。

第三章

帝國規制與在地變化

生人屬西長安，死人屬東太山。[1]

要探究鬼在人們日常生活中的虛幻現象和模糊不清的概念，方法之一就是去研究古人如何描述死後世界，因為鬼被認為是陰間的居民。然而，為了瞭解這個在書面文獻中沒有被很好地表達出來的世界，我們必須繞道而行，研究如墓葬、陪葬品和喪葬儀式等葬禮習俗。我們已經討論了招魂儀式，它幫我們建立了一些關於鬼的想法。再者，對墓葬風格和陪葬品演變的考古研究表明，自戰國開始，在墓葬的安置上模仿生人世界的趨勢越來越明顯。例如，墓葬風格從豎穴木槨墓到水準磚墓的變化，顯示人們想像中的死者住宅其實是複製了生者的住宅。而墓中出現越來越多的日常用品，無論是否是明器，也都暗示了人們是如何地想像鬼在陰間可能需要的物資。[2]所有這些都根據一個假設，即鬼可能需要這些便利設施，才能過上舒適的下輩子。由於這種喪葬風俗的變化趨勢是一個從戰國晚期到西漢的漸進過程，我們有理由相信，流行的鬼和冥界觀念——無論依舊是多麼地模糊——也隨著這種變化而演變。也就是說，從先秦到東漢，人們普遍相信鬼的存在，認為鬼在陰間有一定的生活需要。然而除了這個普遍的信念之外，關於鬼的性質和能力，以及對付它們的方法，可能存在著各種不同的觀

1　張勳燎與白彬二〇〇六，第一冊，頁一六三。

2　甚至還有更早的墓葬形式都被認為是死者住所的象徵，例如有多重隔間的商王大墓。我在這裡的看法指的是一個更具體的大趨勢。詳細的探討請見：Poo 1993a，第七章；Poo 1998，第七章。

點。如果我們仔細觀察從戰國後期到漢代的過渡時期關於人外力量信仰的證據，無論是鬼、靈、神、魔，可以說人們普遍接受和參與各種形式的宗教活動，都涉及與這些人外力量的交流和安撫。京城和各地方城市均有官方的宗教儀式和祭祀，由政府管理維護；還有一些地方性質的活動構成了人們日常生活的一部分，例如崇拜某些地方神靈或與各種神鬼來往。後者可以追溯到遙遠過去的原始宗教信仰，可以說是人們成長的文化環境的一部分。這些活動主要為了解決人們日常生活中的各種難題和疑慮，無論是生育、婚嫁、疾病、死亡等大問題，還是計畫旅行、蓋房、做新衣或是挖井等小問題。人們普遍傾向於相信這些活動都由某些人外力量控制或支配。他們還傾向於相信這些力量中的一些是友善的，而另一些則是惡毒的。友善的力量通常被認為是神，而不友善的則被認為是惡鬼和惡靈。但現在我們應該已經很清楚，神這個詞並不一定帶有友善或仁慈的內涵。於是對於老百姓來說，我們應該問的關於鬼神的問題不是它們是否存在，而是它們是否友善，以及如何識別它們並以有效和適當的方式與它們打交道。當然，總有一些懷疑鬼神存在的知識分子，但他們的聲音恰好證明他們是規律中的少數例外，特別能反過來說明他們所處社會的普遍心態。在傳統社會中，很少有人能避免與各種形式和能力的鬼和靈打交道。人們因此發展了一些宗教儀式、祭祀和驅鬼方法來滿足這一需求。[3]

隨著秦朝建立了大一統帝國，各種措施被應用來促進統治機構的有序運作。對於經濟交易、通訊或交通等治理的現實方面，秦政府進行了巨大努力，如建立統一貨幣、通用文字和標準化的交通系統。對於統治的上層建築，如中央各部門的設立，廢除分封制，以及頒布聯繫中央到地方的集權分級管理體制，或是強制排除哲學類文書的教育系統中，其主要原因是確保集中管制能夠有效地管理廣袤的國土。[4]但仍有一些領域政府難以制定有效的管控體系，尤其是那些涉及生活方式和日常信仰的領域。在睡虎地秦墓中發現的《日書》已經證明，政府試圖在人們的日常生活中施加影響。我們還可以提到《史記》中的一則軼事，談到了在漢朝建立七十年後的武帝時期，專家之間因為擇日方法相互衝突而導致的競爭。在一場顯然涉及占卜師經濟利益的爭議之後，皇帝決定支持五行占卜師。[5]這個故事告訴我們兩件事：（一）擇日的做法當時在社會上很普遍——甚至皇帝也向這種道術尋求建議；（二）地方性的差異強烈而且活躍。宣布以五行學說為國家主導的占卜方法，當然是漢代五行學說興起的象徵，也可能代表官方試圖系統化或規範化不同的占卜方法。

然而，如果我們看《史記》那段文字中提到的數種占卜方法，我們會注意到它們大多數都可以在《日書》中找到，包括使用五行學說、風水理論和月曆選日等多種方法。由此看來秦政府已經開始將不同的占卜傳統系統化，但即便秦帝國滅亡並被漢人繼承很久之後，這個目標也沒有完全達到。中央統一化與地方性差異之間的這種緊張或拉鋸戰，也見於後來漢政府管理鬼神相關的機構或宗教儀式活動的政策中。

3 關於漢代「宗教信仰」本質的一個比較創新而值得參考的討論，請見 Marsili 2018。

4 Loewe and Twitchett 1986；Poo 2018a，第二章。

5 《史記》一二七：三二二二。

一、秦漢官方宗教的本質

最重要的國教，至少在司馬遷看來，是在泰山（太山）舉行的祭天地儀式。他在《史記》的〈封禪書〉開篇評論如下：

自古受命帝王，曷嘗不封禪？蓋有無其應而用事者矣，未有睹符瑞見而不臻乎泰山者也。[6]

這段話指明，在他看來，國家認可的宗教活動與政治權威的建立之間，有著密不可分的關係。而且，權威是由上天賜予吉兆的方式背書認可的。[7]據司馬遷的描述看來，秦漢政府在構建官方宗教儀式體系方面是一致的，旨在確保國家的強盛和皇帝個人的福祉。這種官方宗教儀式包括對天神和自然力量的崇拜。[8]我們固然不能說在司馬遷的時候，官方宗教活動的思想和制度就已經有了一套官方宣導的學說，但《禮記》中的一段話似乎可以作為官方宗教儀式的通則：

有天下者，祭百神；諸侯，在其地則祭之，亡其地則不祭。[9]

總之，統治機構中的每個成員都按照自己的政治地位，按照等級秩序履行自己應盡的宗教職責。然而這種看似有序的制度卻不能說是完全合理的設計，因為皇帝和朝廷上一些有影響力官員的個人利益和偏好往往可以而且確實對官方宗教儀式進行調整和改革。改革或調整的理由因情況而異。因此，在某個時候是「官方」——即得到政府的承認和財政支持——的祠祀，在情況改變後也可能成為「淫祠」，即非法崇拜。可以肯定的是，大多數變化都與地方階層所建立起來的那些宗教儀式有關。這並不排除這樣一個事實，即使是舉行在首都的那些宗教儀式活動，也經常面臨改革和重組。[10]

從司馬遷所描述自秦始皇到武帝時代，在泰山的封禪活動是如何夾在士大夫與方士——那些聲稱掌握了各種占卜術甚至是神通，意欲爭奪皇帝注意力和資源的專家——之間的各種宮廷鬥爭中進行，我們可以看出一種對各種宗教活動背後原理的懷疑態度。司馬遷自己所說的「蓋有無其應而用事者矣」，實際上有效地削弱了所謂天命至高無上的重要性。[11]《封禪書》的整體語氣雖然直截了當，以泰山祭天為中心羅列了各種宗教儀式活動的歷史，但卻暗中嘲諷，挖苦秦始皇和漢武帝在位期間祈天降福和求仙的各種追求的徒勞無功。這樣的觀察可以從以下的事實歸納出來：司馬遷從不證實各種所謂吉兆的功效，卻毫不猶豫地報導那些無效的宗教儀式活動，和對皇帝投其所好，阿諛奉承的江湖騙

6 《史記》二八：一三五五。

7 關於封禪儀式演化的討論，請見：Wechsler 1985，頁一七〇—一九四；Marsili 2018。

8 請見：Poo 1998，第五章；Poo 2014。

9 《禮記注疏》四六：七九七。相似的說法亦可見於：《史記》二八：一三五七；《漢書》二五a：一一九三—一一九四。

10 Poo 1998，頁一一四—一一七；Bujard 2009。

11 Marsili 2018。

子。他寫下的從秦朝到漢初建立官方宗教儀式的編年記述清楚地表明，這基本上是一個沒有嚴密體系的過程。從《史記》和《漢書》中的證據可以清楚地看出，皇帝及其顧問在建立和廢除各種宗教儀式方面發揮了重要作用。[12]每個皇帝都可以根據他從他的顧問——包括在朝文人官員和方士——那裡得到的說法來增加或取消任何數量的宗教儀式。[13]建立宗教儀式的理由很簡單：確保國家和平昌盛、統治者長壽和皇室合法性。任何聲稱能夠滿足這些功能的宗教儀式都可能有機會獲得皇室的支持。另一方面，那些被懷疑無效或不規範的宗教儀式則有必要廢除。因此，官方的宗教儀式除了符合敬畏天地萬物的基本原則外，並不能真正被認為是建立在一個連貫、穩定而又清晰的理論基礎之上，更不用說一整套能自圓其說的系統化神學。

從管理的角度看，漢政府採取了逐步控制全國眾多宗教儀式的政策。首先，從漢高祖開始，以巫為代表的各種地方宗教儀式被帶往首都長安。[14]因此，首都藉由展示各種地方宗教儀式來作為一統國家的象徵，雖然這也並不完整。[15]當然，這並不代表地方性的宗教儀式在原本根據地就完全消失。其次，通過支持特定宗教儀式，在漢高祖（西元前二〇二—一九五年）和漢文帝（西元前一八〇—一五七年）的統治下，政府試圖控制地方性的宗教活動，這是將國土整合為一個大一統國家的總體計畫的一部分。漢武帝（西元前一四一—八七年）即位後，更多的宗教儀式被添加入官方的名單。其三，政府通過認可「官祠」來區分「淫祠」，試圖強化一套與官方意識形態相一致的價值體系，即天人感應宇宙框架下的儒家社會倫理，儘管儒家意識形態的主導地位晚至東漢時期才發展起來。[16]

可以肯定的是，所有這些努力所創造出來的帝國秩序，只不過是地方性差異繼續發展和調適的大背景。而對鬼的信仰和崇拜，是足以反映中央秩序與地方性差異之間相互關係的元素之一。

二、秦漢時期的鬼信仰

如上所述，漢朝官方宗教儀式的目標之一是確保皇帝的個人福祉。然而，如果沒有各種不一定已被納入官方宗教儀式的鬼與靈的額外幫助，這個目標是不可能實現的。也就是說，即使是在官方宗教儀式已經建立之後，朝廷裡為應付皇帝及其隨從更多的私人需要，也還同時祭祀鬼與靈。秦始皇因為熱衷於尋找不老仙丹和東海仙島而為世人所熟知。深得秦始皇信任的方士盧生主張，若要讓仙人降臨，就需要驅除惡鬼。[17]因此，方士們轉眼一變成為驅鬼專家。結果，對鬼的信仰與尋求永生變得密不可分。不用說，秦始皇最終沒有求得任何仙丹妙藥。

求仙的念頭一直傳到漢代，據傳漢文帝有段時間被一位名叫新垣平的方士迷住了，這位方士自稱

12 更多相關討論請見：Poo 1998，第五章。

13 相關的經典研究：顧頡剛一九五七。亦可見：DeWoskin 1983；Bujard 2009。

14 《史記》二八：一三七八。

15 Poo 1998，頁一一七—一一九。

16 關於儒家經典的通泛性介紹，請見：Nylan 2001。至於「儒家」教化，請見：Loewe 2012。

17 《史記》六：二五七；亦見一二：四五八。

能觀察神界，預知未來。新垣平最終被證明是一個騙子，並被皇帝正式處決。儘管有這些不成功的先例，漢武帝還是以沉迷法術和相信鬼的存在而臭名昭著。例如，在漢武帝最寵幸妃子之一的王夫人死後，皇帝請方士少翁招喚王夫人的鬼魂，並確信他在夜裡帳幕上看到的遠遠的人影確實是她的鬼。[18]在征服南越國後，武帝據報得知南越人信鬼，而且他們的拜鬼儀式很有成效。東方小國東甌的前任國王，據說因為拜鬼而活到了一百六十歲。漢武帝立即命越巫在首都設立南越式的宗教儀式。[19]

正如第二章所討論的，鬼神作為一個複合詞，通常用來指代一般的靈，而鬼和神這兩個詞可以互換使用。於是長陵的一個女鬼，原來是一個死於難產的普通婦人，附在她的嫂子身上，或許是施行了一些神跡，因為其強大的力量而被漢代百姓尊為「神君」。據說，漢武帝的外祖母平原君也拜祂，所以這也就是為何她的子孫，包括漢武帝本人，都成為了赫赫有名的大人物。漢武帝登基後，將豐厚的禮物贈予這位「神君」的神龕，而且據說人們可以聽到祂的聲音，但卻不能親眼看到祂。[20]我們在上一章遇到的周宣王時將軍杜伯的鬼魂復仇故事，顯然在歷史上非常有名，杜伯並且在漢代甚至有了屬於他的祠祀。《史記》稱它的宗教信仰為「杜主，故周之右將軍，其在秦中，最小鬼之神者。」[21]這裡用神來形容鬼的超自然法力。有趣的是，「最小鬼」被視為一個神，或者有神通。鬼神一詞的這種使用方式證實了我們在第二章中所觀察到的前帝國情況，即鬼和神被認為屬於同一類別的存在。在羅馬人的鬼（*manus*）信仰中也可以觀察到類似的情況，我們將在第七章討論。不同之處在於，鬼通常指某個人的鬼，而神指的是更高層次的靈，類似那些大自然力量或天文現象。而當某些鬼因其特殊的力量和能力而被提升到更高的地位時，模稜兩可的情況當然會出現。上面提到的長陵「神君」就是一個例子。因此，當一個鬼被某些人崇拜為神時，其他人可能仍然只將其視為鬼。

《史記》中的〈秦本紀〉，有一則趣聞：

> 戎王使由余于秦。由余，其先晉人也，亡入戎，能晉言。聞繆公賢，故使由余觀秦。秦繆公示以宮室、積聚。由余曰：「使鬼為之，則勞神矣。使人為之，亦苦民矣。」[22]

在這樣的因果關係下提起鬼，說明令鬼辦人事的思想是普遍的想法。由余的話顯然並不是意味著人真的可以命令鬼來為人效力。但是，這種想當然耳的表達方式，說明這個想法在他那個時代——或者準確地說，在司馬遷的那個時代——的語言中並沒有什麼不尋常的地方。司馬遷在《史記》中記載了另一個故事。[23]當漢武帝的舅舅田蚡病重時，被人看到精神飽受折磨且痛苦地嚎叫。有人懷疑他被鬼纏住了。一個能看見鬼魂的巫者被召來，他說確實看到有兩個人的鬼就在他的床邊，想要殺死他。

18　《史記》二八：一三八七；《漢書》二五：一二一九—一二二〇。
19　《史記》二八：一三九九—一四〇〇。亦見：王子今二〇〇五。
20　《史記》二八：一三八四。
21　《史記》二八：一三七五。
22　《史記》五：一九二。
23　《史記》四七：二八五四—二八五五；《漢書》五二：二三九三。

這兩個人是魏其和灌夫，兩個因朝廷政治權力鬥爭而被田蚡早些時候處決的高官。田蚡最終死了。現在可以在這裡做出一些觀察。首先，故事的目的很可能是為了對田蚡這個人物做出間接的道德判斷，因為司馬遷將他描繪成一個狡猾且善於操弄權謀的人，應該為殺死魏其和灌夫這兩位殫精竭慮服務朝廷的好官而負責。我們有理由認為，無論這個鬼故事是不是真的，司馬遷將這次鬼襲擊的事件寫入田蚡的傳記中，為了就是證明他的罪有應得。其次，為了讓故事更有說服力，司馬遷應該不會不使用當時人們普遍心態中會覺得至少有些可信度的元素。按照這個邏輯，冤鬼報仇正是人們普遍心態中能夠接受的想法，就好像由余所說的那樣，鬼可以為人驅使而工作。田蚡與鬼的故事顯然是家喻戶曉，甚至比司馬遷晚幾乎兩百年的王充（約西元二七—九七年）也還在他談論鬼的論述中引用了這則故事。[24]

在他的統治即將結束時，漢武帝沉迷於信仰鬼神，最終導致了一場幾乎推翻整個王朝的災難性事件。西元前九二年，當武帝出城往皇家行宮甘泉宮時，長安發生了一起巫術事件。這基本上是衛太子與宮廷其他派系之間爭奪皇帝恩寵的一串連續權力鬥爭的結果。這一事件是由皇上寵臣江充發起的對皇太子的控訴，指控他施展巫術和召喚鬼來傷害皇帝。由於江充曾經得罪了太子，生怕太子報復。他利用早先發生在長安的有關巫術謠言的機會，設計在皇宮內挖掘出木偶人，來作為謀害皇帝的巫術證據。皇太子措手不及，也無法及時與當時不在首都的皇帝溝通，為了自保，遂將江充處死，倉促舉兵與禁衛軍衝突。這場事件以皇太子自殺和數千人死亡而告終。儘管武帝的個人信仰和衰弱的精神狀態可能是事件的直接原因，但正如後世常評論的那樣，[25]當時整個社會瀰漫著信仰鬼、巫術和驅鬼的氛圍，很大程度上促成了這類事件的爆發。[26]

據說漢成帝（西元前五一—七年）晚年沉迷於崇拜鬼神，不過我們應該理解為他崇拜各種的靈。[27]王莽（西元前四五—西元二三年）結束漢朝並迎來了短暫的新朝（西元九—二三年），而他也懼怕死亡，並推動了無數崇拜無數鬼神的宗教儀式。[28]東漢時期，每年年底都會在首都舉行一年一度的驅除邪鬼的儀式，又叫大儺（稍後詳述），這足以說明人們在生命中和生活環境中存在著一種對鬼的普遍恐懼。[29]

上述例子表明，對鬼的信仰在很大程度上是當政朝堂生活的一個組成部分。然而，這不能被視為僅是反映了執政階層的文化，因為有證據表明，特定宗教儀式的思想往往是從社會底層向上傳遞到朝廷的。長陵的「神君」就是這樣一個例子；而受寵於朝廷的越巫是另外一個例子。這種鬼文化認識到，某些鬼可以通過造成痛苦或疾病，或是提供長壽的秘密來影響一個人。此外，這種影響基本上僅限於個人層面，因為確保國家福祉的責任更多是國家宗教儀式所崇拜的那些高等神祇。

---

24 《論衡集解》，頁四四八起。

25 《三國志》二五：七一六。

26 詳見：Loewe 1974，頁三七—九〇；蒲慕州一九八七；Cai Liang 2013；蒲慕州二〇二二。

27 《漢書》二五b：一二六〇。

28 《漢書》二五b：一二七〇。

29 Bodde 1975，頁一六五—一八八；Poo 1998，頁一三二一。

檢視對人外力量的信仰的證據之後，我們可以看出，在普通人的日常生活中，很大一部分都和與鬼打交道有密切的關係。西漢時期寫成的《鹽鐵論》指出了當時巫術盛行的問題：「是以街巷有巫，閭里有祝。」[30]即便作者可能誇大其詞，也沒有相反的證據可以反駁巫師（巫）和咒語者（祝）的廣泛活動，因為他們無疑專門從事與疾病、死亡、婚嫁、分娩等領域以及各種日常活動中的鬼與靈打交道。[31]在武帝末年的巫術事件中，「夜祠視鬼」的指控與巫蠱活動有關。當然，我們沒有確切的方法來估量社會中鬼信仰的實際流行程度，正如我們同樣也沒有確定的方法來估計巫在國內的傳播程度，[32]不過這不一定會阻礙我們對漢代的宗教生活狀況有一個大致的瞭解。根據現有的文獻證據，特別是《漢書．地理志》的全國十三個地理區域中，在秦、漢、齊、楚、吳和越等多個前帝國地區，都發現有明顯的巫者活動。其餘七區，除孔子故鄉魯地外，也有巫者活動的痕跡，它們其中不少都可溯源自前帝國時期。[33]由於巫者的存在的前提是社會有驅逐惡靈和祭祀鬼神的需要，我們有理由假設這些有關巫者的證據坐實了我們的推測，即人們普遍認為鬼是社會現實的一部分。

同時，我們也可以通過審視一些對社會的批評來深入瞭解社會的現實。東漢學者王充是民間信仰和宗教儀式的狂熱反對者，他的《論衡》中的文章證實了在他的時代鬼信仰是非常普遍的現象。從他對當時習俗和觀念的記述來看，鬼基本上被認為是只會帶來痛苦和恐懼的邪惡東西。[34]王充試圖通過他的常識和物質主義式的方法——例如他的氣觀念——來反駁這些對鬼的信仰。例如，「人、物也，物、亦物也。物死不為鬼，人死何故獨能為鬼？」[35]王充的說法當然也不是沒有漏洞，因為人們實際上相信有動物的鬼存在。儘管如此，他對生命持有物質主義式的觀點，認為使人（或動物）「活著」

的是「精氣」：

> 人之所以生者，精氣也。死而精氣滅。能為精氣者，血脈也。人死血脈竭。竭而精氣滅。滅而形體朽，朽而成灰土。何用為鬼！[36]

王充在〈訂鬼〉一章中批判了當時許多關於鬼存在的觀點，進一步闡述了他關於鬼現象的論點。在這裡我們只引用該章的開頭和結尾，便足以表明他的立場：

> 凡天地之間有鬼，非人死精神為之也，皆人思念存想之所致也。致之何由？由於疾病。人病則憂懼。憂懼見鬼出。凡人不病則不畏懼。故得病寢衽，畏懼鬼至。畏懼則存想，存想則目虛

30 《鹽鐵論校注》，頁三五二。
31 關於日常宗教活動的討論，請見：Poo 1998，第六章。
32 請見：林富士一九九九；Lin 2009。
33 林富士一九九九，頁一七〇—一七一。
34 《論衡集解》，頁四四八—四五六、四六五—四七二。
35 《論衡集解》，頁四一四。
36 《論衡集解》，頁四一四。

見。[37]

……故凡世間所謂妖祥、所謂鬼神者，皆太陽之氣為之也。太陽之氣、天氣也。天能生人之體，故能象人之容。[38]

因此王充提出了兩個基本觀點：（一）鬼是心生幻象；（二）鬼是太陽的氣變化為人形的緣故。前者是心理學的解釋，後者是物質主義式的解釋。雖然我們不必爭論這個看似自相矛盾的立場，但仍然值得注意的是，他非常努力嘗試消除鬼存在的想法。此外，他反對鬼存在的論證方法是基於一種邏輯，即檢驗所謂的鬼事件的普遍適用性。如果個別情況不能在邏輯上適用於一般情況，則它不可信。如果鬼報仇是因為他沒有被適當地埋葬而出現，那麼那些沒有被安好下葬的人按道理應該都變成尋仇的鬼，騷擾整個世界。然而顯然事實並非如此。如果伯有的鬼因為冤死而出現，那麼所有被刺殺的統治者應該都變成鬼來報仇，但他們沒有。[39]

顯然，王充是少數人，他的聲音更多地只是反證了鬼信仰的普遍，而不是任何能夠顯著改變這種情況的言論。因為一般民眾心理與王充的推理正好相反。問題的核心當然是「鬼」概念的存在深深植根於集體心靈，因此否定它存在的理性論據，如王充和歷史上許多其他知識分子所嘗試的，並無助於遏制人們對鬼復仇的普遍信仰。漢武帝時期著名的巫蠱之禍證明了普遍害怕鬼的這股力量，成為宮廷血腥鬥爭和派系傾軋的催化劑。《後漢書》中方士和其他人的傳記中也不乏各類故事和軼事，裡面常常記載了以驅鬼術來驅趕惡鬼。[40]

例如，一個名叫費長房的人曾經從一位神仙那裡得到一根法杖和一張符籙；前者可以作為交通工具，載著他立即到任何地方——類似於女巫的掃帚——而後者可以用來控制鬼和靈。費長房因此「遂能醫療眾病，鞭笞百鬼，及驅使社公」。[41]另一個名叫曲聖卿的人，以「丹書符劾，厭殺鬼神而使命之」而著稱。[42]使用符籙的想法表明人們相信書面文字的功效等同於魔法咒語。此外，這種對書面文件的依賴似乎與漢代日益官僚化有關，因為政府的命令往往通過要求嚴格服從的書面信息來傳遞。近幾十年的東漢墓葬考古發現許多驅逐惡鬼的符籙和符咒。它們用的詞彙與後來道教典籍所收集的文本有明顯相似之處，這導致一些學者認為，在東漢末年公認的道教建立之前，可能存在一種早期道教組織，我們將在第五章對此進行分析。[43]一個關於符咒和符籙的例子可以為我們提供這些文本的精要之

37 《論衡集解》，頁四一四。
38 《論衡集解》，頁四一四。
39 《論衡集解》，頁四二八。
40 《後漢書》八二b：二七四四，二七四六，二七四九。亦見：DeWoskin 1983。
41 《後漢書》八二b：二七四四。
42 《後漢書》八二b：二七四九。其他與驅鬼有關的故事請見：《後漢書》四一：一四四一，五〇：一六七六，五七：一八四一。
43 請見：張勳燎與白彬二〇〇六，第一冊。

處。[44]在這個例子中，符咒是用散文形式寫成的，而符籙是用圖形和字元的組合寫成的，只有具有一定內行知識者才能破譯。很顯然，寫下這道符咒和符籙的人，屬於戰國後期就已經出現的方士一類。他們沒有一個組織性的宗教教派，方士可以被視為東漢末期有組織的道教教派出現之前的某種「自封的道士」。

儘管漢代的官吏／文人在遏制民間宗教儀式方面經常站在政府一邊，但他們與地方宗教儀式的關係看起來卻是有些曖昧。一方面，廢除不屬於政府管轄範圍的「淫祠」是帝國的政策。正如許多故事所提到的，漢朝官員經常與當地的宗教儀式進行鬥爭，並試圖廢除「迷信」。但另一方面，實際情況來看，官員們並不完全反對地方宗教儀式。[45]重要的是我們要認識到，禁止一個地方宗教儀式可能會給負責該宗教儀式的人帶來巨大的經濟損失，也給普通信徒帶來巨大的心理損失。的確，當我們談論某些宗教儀式的建立或廢除，所涉及的問題可能不僅止於這些宗教儀式是否被政府視為迷信而已，還有當地儀式負責人對資源引進和控制的問題。由於缺乏證據，宗教儀式崇拜的經濟面不容易討論，但我們應該清楚意識到這是瞭解宗教機構運作的一個重要方面。[46]沒有國家的批准，一個宗教儀式必須能自給自足，承擔一定程度的經濟活動。因此，官員的行為可能與這類經濟問題有關，而無關於崇拜的性質：「淫祠」是不是「道德上有問題」不一定是主要的關注點。這種情況在一則故事中可以得到反映，故事裡的一個鬼向廢除了它的崇拜儀式的官員抱怨說它的收入來源減少，導致「絕我輩血食」，而關於這個故事，我們將在下一章討論。

關於官方整治或消除地方性宗教儀式，《後漢書》中保存的一個有趣的故事，體現了官吏與方士之間的衝突：

劉根者，潁川人也，隱居嵩山中。諸好事者自遠而至，就根學道。太守史祈以根為妖妄，乃收執詣郡。數之曰：「汝有何術，而誣惑百姓？若果有神，可顯一驗事。不爾，立死矣。」根曰：「實無它異，頗能令人見鬼耳。」祈曰：「促召之，使太守目睹，爾乃為明。」根於是左顧而嘯。有頃，祈之亡父祖近親數十人，皆反縛在前，向根叩頭曰：「小兒無狀，分當萬坐。」顧而叱祈曰：「汝為子孫，不能有益先人，而反累辱亡靈！可叩頭為吾陳謝。」祈驚懼悲哀，頓首流血，請自甘罪坐。根嘿而不應。忽然俱去，不知在所。[47]

故事本身同情方士劉根，而太守被形容為行為過於狂妄，不相信方士之術。諸如此類的故事被收錄在《後漢書》中，實表明這些方士的舉動至少在大眾心態中是給與正面評價的。鑒於《後漢志》的作者范曄（西元三九八—四四五年）生於南朝，而當時鬼故事開始被大量記載，故將此類故事列入史

44 張勳燎與白彬二〇〇六，第一冊，頁一一〇；翻譯與討論，請見：Poo 1998，頁一八二—一八三。

45 Poo 1998，第八章。

46 有關早期中國宗教儀式和牲禮經濟的討論，請參閱：Sterckx 2011。對於熟悉現代中國流行文化的學者來說，台灣媽祖廟等一些大眾寺廟具備巨大經濟能量是常識。

47 《後漢書》八二b：二七四六。

書可以看作是對他那個時代總體氛圍的一種反映。

對《後漢書》中方士地理淵源的考察告訴我們，他們來自漢地各處，西至巴、蜀，東至琅琊，北至上黨，東南達會稽、丹陽。這些能與鬼打交道、能進行各種驅鬼的特異人才分布如此之廣，再次印證了鬼信仰和驅鬼的需要在全國是個普遍現象。

喪葬習俗從另一個角度揭示了對鬼的信仰。我們在《日書》中提到驅鬼文書是對於鬼和靈流行信仰的見證。還值得注意的是，對鬼襲擊的關注不僅在這裡，而且充斥在整部《日書》之中。[48]這種在墳墓中隨葬諸如《日書》之類的文書的習俗表明，人們在生活中對劾鬼有用的東西也被認為對陰間的死者有益。《漢書．藝文志》中提到了皇家圖書館收藏有許多驅鬼文本，也間接證實了《日書》的存在和廣泛流傳。[49]此外，葬禮期間必須完成驅鬼儀式。這不僅在《儀禮》和《左傳》等經典中有所提及，[50]而且在考古發現中也得到了證實。在東漢墓葬中發現的一份儀式文本包含了以下這段對抗惡鬼的符咒：

> 乙巳日死者，鬼名為天光，天帝神師，已知汝名。疾去三千里。汝不即去，南山給〔　〕，令來食汝。急如律令。[51]

這段文字表明，人們相信有天帝和仙班組成的神界官僚機構。與人世間的朝廷類似，掌權者可以頒布法令，將不受歡迎的成員，即鬼魂，驅逐到遙遠的地方。但是請注意，上引文獻中提到的鬼實際上是死者本人，而咒文的內容是為了讓死者遠離生人。因此，這段文字也至少以某種角度見證了生者與死者之間的關係，用孔子的名言「敬鬼神而遠之」來形容再恰當不過。再例如，在湖南省出土的一組西元七九年的木簡，提供了有關聯繫死亡和埋葬的儀式的豐富資訊。[52]這些文獻以合同的形式寫成，詳細說明當一個人即將死去之時，家庭成員會聘請一位巫師，來為那個人祈禱並為提供酒肉祭品。在那人死後，家人會再次向各種神靈祈禱，包括灶君、司命和一些地方神祇，也是由當地的巫者來祭祀神。拜完之後，將祭拜和供品的內容寫在木簡或竹簡上，供死者作為與天公的契約，以證明祭拜和供品確實已經以死者的名義執行過了。這位天公確切是誰仍然不知，但祂一定是掌管死者的重要神祇之一。事實上，這個詞在當代台灣仍在使用，相當於舊詞上帝。當然，這是來世官僚體系化的另一種形式，因為人世間的官方文書在死者的世界中被仿造。尤其有趣的是，這裡的死者，或靈魂／鬼，在死亡的時刻，可以同時升上天界又下到黃泉。這些儀式都沒有記錄在諸如《儀禮》等經典中。

到目前為止，我們所看到的鬼通常都對人懷有敵意，而人們對它們的態度不是和解就是敵對。對於嚮往富貴長壽的人來說，與鬼打交道不可避免：任何人對理想人生或來生的願望，都離不開和鬼或

48 睡虎地秦墓竹簡整理小組一九九〇，頁一九三、二四五、二四九、二五四。

49 《漢書》三〇：一七七二。

50 《儀禮注疏》三七：八；《左傳正義》三九：三。

51 江蘇文物管理委員會一九六〇。

52 陳松長二〇〇一；Harper 2004；下倉涉二〇一三。

靈把帳算清楚。人的願望只有在鬼被安撫之後才能實現。因此，不論在國家級儀式中對偉大的天地力量展現出多少的崇敬，當人們必須解決眼前的問題時，這些偉大的力量都被置於日常生活的脈絡之外。記載於《史記．封禪書》或《漢書．郊祀志》的官方信仰儀式和帝國禮制，雖然在首都及全國各地實踐，同時也被同樣從宮廷傳播到農村的由各種宗教儀式和習俗所代表的鬼信仰加以補充，甚至被蓋過風頭而黯然失色。以下要討論的就是一個很好地展示了朝廷和在地社會之間共享同一種儀式活動的例子。

三、儺：驅鬼之術

儺一詞是指一種古老的驅鬼儀式，社會各個階層都採用，並以各種形式流傳下來直到如今，尤其是在今天的中國西南地區幾個省份。[53]有人認為，這種對抗惡鬼的驅鬼術（簡稱儺）早在商代就已經出現了。甲骨文中所出現的一個詞「方相」，就是後世所知的儺儀式中的核心驅鬼師。[54]在東周時期，它會在鄉村階層表演，據說孔子曾經參與過村裡的儺儀式。[55]在《禮記》、《周禮》、《呂氏春秋》、《後漢書》中發現的材料都能證明，儺是一種為了驅除人間惡鬼的官方儀式。它通常按照季節來舉行儀式，由政府發起，並由統治者和官員共同參與。據《呂氏春秋》中所保存的《禮記．月令》所載：

> 季春之月，……國人儺，九門磔禳，以畢春氣。

> 仲秋之月，……乃命宰祝，巡行犧牲，……天子乃儺，禦佐疾，以通秋氣。
>
> 季冬之月，……命有司大儺，旁磔，出土牛，以送寒氣。[56]

似乎在〈月令〉的上下文中，儺一詞是指一種用於驅除各種惡鬼的特殊季節性驅鬼儀式。〈月令〉中並沒有具體說明儺儀式要驅除的惡鬼名稱。我們也不能從文本中看出儀式的實際程式。《周禮》倒是對主要的驅鬼人方相氏有如下描述：

> 方相氏：掌蒙熊皮、黃金四目、玄衣朱裳、執戈揚盾，帥百隸而時難（儺），以索室驅疫。大喪，先柩；及墓，入壙，以戈擊四隅，驅方良。[57]

方良是某種惡靈，被認為能夠對墓中的人鬼造成傷害。因此，方相作為驅鬼人，除了以儺驅鬼之外，還可以在各種場合進行驅散惡鬼、惡靈的儀式。事實上，它的形象是刻意製造成讓人恐怖和敬畏

---

53 曲六乙與錢茀二〇〇三。
54 郭沫若一九八三，No. 498；錢茀一九九四；曲六乙與錢茀二〇〇三，頁三八九－三九三。
55 《論語注疏》一〇：九。
56 《呂氏春秋集釋》二：三，八：二，一一：二。
57 《周禮注疏》三一：一二。

的，這表明人們認為鬼也會有同樣的感覺，因此能被驅逐。

只有在《後漢書》中，我們才能找到更多關於儺儀式過程的訊息。〈禮儀志〉中有常被引用的一段話，對儺儀式的準備和過程進行了較為詳細的描述，還收錄了儀式中宣讀的一段文字：

> 先臘一日，大儺，謂之逐疫。其儀：選中黃門子弟年十歲以上，十二以下，百二十人為侲子。皆赤幘皁制，執大鼗。方相氏黃金四目，蒙熊皮，玄衣朱裳，執戈揚盾。十二獸有衣毛角，中黃門行之，冗從僕射將之，以逐惡鬼于禁中。
>
> 夜漏上水，朝臣會，侍中、尚書、御史、謁者、虎賁、羽林郎將執事，皆赤幘陛衛。乘輿御前殿。黃門令奏曰：「侲子備，請逐疫。」
>
> 於是中黃門倡，振子和，曰：「甲作食雜！胇胃食虎！雄伯食魅！騰簡食不祥！攬諸食咎！伯奇食夢！強梁、祖明共食磔死寄生！委隨食觀！錯斷食巨！窮奇、騰根共食蠱！凡使十二神追惡凶。赫女（汝）軀，拉女（汝）幹，節解女（汝）肉，抽女（汝）肺腸。女（汝）不急去，後者為糧！」

就在這時候，驅鬼人（方相氏）和十二隻動物又舞又叫，在宮中四處走動。他們拿著火把繞了三圈，用火把把瘟疫從端門裡送出去。在此門外，騎兵接過火炬經司馬闕門出宮，接著五營衛隊的騎兵輪流接火炬，直到最後將火炬投入雒水。然後，百官官府各以木面獸能為儺人師訖。設桃梗、鬱櫑、葦茭畢。執事陛者罷。葦戟、桃杖以賜公、卿、將軍、特侯、諸侯云。[58]

我們引用這段記載是為了表明這個儀式在漢朝一定是最重要的儀式，因為儀式的整個過程被很詳細地記錄。這個儀式的目的相當明確：驅除隱藏在人間各個角落的邪靈。與睡虎地《日書》驅鬼文書中不需要神或靈來執行儀式的那些更簡單的驅鬼方法不同，大儺儀式使用十二個動物靈（由男孩象徵性演出）來驅除惡鬼。這個儀式顯然或多或少是作為慶祝一年將盡的一種公共活動，因此它包含了一些神靈吃鬼的戲劇性元素。獸神裡面吃夢的伯奇，可能就是睡虎地《日書》關於夢一章中提到的神靈，只不過名字叫鈐奇。[59]所以我們有理由相信，這十二種動物靈皆源於民間信仰，正如大儺儀式中所提到的葦戟和桃杖的驅鬼效力也是源於民間一樣。

在驅鬼過程中使用火炬足以讓我們確信，火被認為是吉祥的，而且能有效驅逐邪靈。然而耐人尋味的是，惡鬼最終沒有被消滅而是被驅逐。當鬼被驅趕，文中的說法是方相氏和十二動物靈「送疫出端門」。因此，雖然咒語中發出了毀滅性的威脅，但這種驅鬼儀式似乎並不是要消滅瘟疫惡鬼，而只是將它們趕出人間。這隱含地意味著惡鬼還明年可以回來，因此必須再進行下一次的驅鬼。因此，這

58 《後漢書》，頁三一二七—三一二八。
59 睡虎地秦墓竹簡整理小組一九九〇，頁二一〇。

種驅鬼行為背後的宇宙觀非常有趣：這些惡鬼雖然對人類充滿惡意和危險，但卻是宇宙秩序的一部分。它們可以被暫時地驅逐出人間，但似乎沒有辦法一勞永逸地消滅它們。因此，年復一年，季復一季，驅逐它們的需求反復存在。鬼能被驅趕而不能被消滅，這可以從睡虎地《日書》驅鬼文書和前述東漢墓葬文獻中的驅鬼咒語中得到證實，其中惡鬼被命令「疾去三千里。汝不即去，南山給（ ），令來食汝」。這與大儺驅鬼時所說的類似：「女（汝）不急去，後者為糧」。

《後漢書》記載的儺雖然屬於國家級祭祀儀式，因為它的目的是將鬼趕出皇宮，而且有很多官員參加這場儀式，但縣郡和鄉村也舉行相同的驅鬼儀式，這些儀式直到如今仍然能看得到。[60]所有這些儀式的共同點是咒語的宣讀和特定儀式行為。換言之，驅鬼儀式中的基本要素都是共同的。

漢和帝在位期間曾經下詔（西元九四年），將每年六月的伏日定為全國性假日，因為按照古代的說法，伏日是萬鬼出沒的日子。[61]因此，一整天，人們都被命令關上大門，不事任何生產。可以說，這個伏日就是後來七月中旬的中元節的早期版本。[62]

以上這些與鬼信仰有關的各類活動的討論，都是為了凸顯社會的特質。對於大多數平民來說，他們沒有不相信鬼與靈存在的選擇。正是為了官僚系統的需要，知識分子／官員試圖建立一些秩序，通過這些控制來確保稅收和徭役能夠順利進行，並且確保對鬼神的崇拜不會影響政府的職責。這就是為什麼我們看到漢朝官員／文人往往言行不一致，他們既可以公開禁止「迷信」和「淫祠」，但他們又會在一些他們認為合適的情況下參加當地的宗教活動。[63]當然，我們可以爭辯，認為他們的言行沒有不一致，因為他們的共同目標就是建立一個合理的管理體系，以維持統治機構的運作和政府的財政需求。過去幾十年來秦漢行政文書和法律文獻的大量考古發現都表明了當時政府的這種努力。[64]帝國對秩序的渴望雖然存在，但信仰的地方性差異始終是一個難以駕馭的現實。

四、鬼與陰間

東漢的一則墓葬文書有以下記載：「生人屬西長安，死人屬東太山。」[65]這句話在當時應該就是關於冥界之所在和鬼之去向的常識。泰山（太山）作為死者居所的重要性，很可能源自於它作為國家祭天場所的這種地位，但這種變化具體如何以及何時發生尚不清楚。[66]然而，泰山並不是想像中鬼在陰間歸宿的唯一去處。泰山腳下的蒿里和梁父兩座小丘也與陰間有關。[67]但值得注意的是，文中指出了兩套官僚制度，一套為生人，一套為死者，而後者顯然是前者的模仿。

60 曲六乙與錢茀二〇〇三，頁一五九—一九九。
61 《後漢書》一七九：「己酉，初令伏閉盡日。」《漢官舊儀》中也記載「伏日萬鬼行，故盡日閉，不幹它事」。
62 詳見：Bodde 1975，頁三一七—三二五。
63 筆者先前相關研究，請見：Poo 1998，第六章。
64 請見：Barbieri-Low and Yates 2015。
65 張勳燎與白彬二〇〇六，頁一六三。
66 關於泰山的經典研究除了：Chavannes 1910 以及酒井忠夫一九三七，亦可見：Yu Ying-shih 1987；劉增貴一九九七。
67 Yu Ying-shih 1987；Poo 1998，第七章。

由於近年來關於早期中國冥界的概念的研究已經相當豐富，[68]在此我們只須指出，黃泉、幽都和地下都被用來指稱先秦和兩漢初期的陰間。但對前帝國時期文獻中的這個冥界，目前我們知之甚少。《楚辭》認為陰間或幽都裡居住著一個惡魔或某種官員，即土伯，它擁有一隻角蟒的身體。因此，死者的靈魂，也就是鬼，實際上被勸告不要去往這個地下世界，彷彿鬼有得選擇：

> 魂兮歸來！君無下此幽都些，
> 土伯九約，其角觺觺些。
> 敦脄血拇，逐人伂駓駓些：
> 參目虎首，其身若牛些。[69]

然而，除了這個妖魔之外，關於這座幽都的其他方面我們知之甚少。陰間觀念在漢代最顯著的發展在於它的官僚系統化，但需要注意的是陰間官僚系統的概念在更早期的想像中可能已經存在。例如，一些戰國後期神祇的存在，例如司命，或者我們在上一章中談到掌管戰死者之鬼的武夷，都意味著在死者世界中有某種統治性的組織。不過，這些神祇究竟屬於「天庭」還是「地府」，我們尚不清楚。[70]

正如大量文獻所證明的那樣，陰間的官僚系統化在漢代得到了長足且明確的發展。例如，在西元前一七六年的西漢早期墓葬中發現的一段文字就如此說道：

> 四年後九月辛亥，平里五夫倀（張）偃敢告地下主：偃衣器物所以蔡（祭）具器物，各令會以律令從事。[71]

五夫是漢朝地方行政中負責「里」級事務的低級官員。地下主似乎相當於陰間官僚機構中的地區官員。這段文獻似乎表明，地上的地方官員可以就相應的官僚事務規定與地下官僚機構進行溝通，例如財產登記制度。在這段文獻往後幾年後的另一段文字記錄了一個類似的陰間官僚組織：

> 十二年，二月，乙巳朔戊辰，家丞奮移主藏郎中，移藏物一編，書到先質，具奏主藏君。[72]

這將是死者的家庭助理（家丞）和負責死者隨身攜帶的財產登記和接收的陰間官員（主藏郎中、主藏君）之間的溝通。另一份可追溯到西元前一六七年的文獻則指出：

68　Pirazzoli-T'Serstevens 2009；Poo 2011；Lai Guolong 2015。
69　Hawkes 1959，頁一〇五。
70　Lai Guolong 2015，頁一五四—一五九。
71　裘錫圭一九七四，頁四九。
72　湖南省博物館與中國科學院考古研究所一九七四，頁四三。

> 十三年，五月，庚辰，江陵丞敢告地下丞，市陽五夫遂少言與大奴良等廿八人，……騎馬四匹，可令吏以從事。敢告主。73

在這些文本中，我們發現了陰間官員的多種頭銜，例如「地下丞」或「地下主」，他們都在履行一些行政職責，例如收發與死者有關的文件以及安排他們的陪葬品。這些官員想必也是鬼界的一部分——也就是說，他們本身就是鬼——雖然他們如何成為陰間的官員還不得而知。在後來大部分的鬼故事中都假定當一個人死後，這些陰間官僚機構的官員可以被召喚來提供服務。到東漢時期，這個過程已經發展到這些想像出來的公堂在整個陰間官僚機構中占據了中心位置的程度，正如下面這段隨葬文書所說：

> 天帝止封鎮定邑里死人〔胥〕〔文〕台家墓，移丘丞墓伯地下二千石、〔墓〕上墓下、中央大□、墓左墓右，雲門蔡酒、蒿里父老，令胥文台家子孫後世無□復有死者。上天倉倉，地下茫茫。死人歸陰，生人歸陽。生人有里，死人有鄉。生人西屬長安，死人東屬大（太）山。樂無相念，苦無相思。大（太）山將閱，人參應□。地下有適，蜜人代行□作，千秋萬歲不復□生人。相胥氏家生人子孫富貴豪強、資財千億、子孫番息。謹奉金銀□深，以謝墓主封鎮到□□□。胥氏家塚中三曾五〔祖〕，及皇□父母離丘別墓，後葬之□，勿令代作，各安其所。曠戶以閉，累君後世，令無死葬。他如天帝日止鎮令。74

這段文字為我們提供了一個關於漢人想像中的陰間結構的特別視角。它不僅提到了能確保讓死者安然待在墓中的各種官員；它還列舉了多種方式，協助死者來面對陰間官僚機構的許多要求。最重要的是，文中明確區分了生者和死者世界的界限，因此，「生人西屬長安，死人東屬大山。」也就是說，它是一份同時保護生者和死者的文件。

有學者認為，在泰山的普遍管轄下陰間逐漸官僚化的這種發展，可能與大一統帝國建立以來現世政府的發展有關。[75]這樣的假設意味著，構建出大一統政府的知識可能促成了按照類似做法來設想陰間的這種想法。而且，這種發展也對鬼概念的發展產生了深遠影響。因此，雖然以維持帝國秩序為目的的帝國政府對四處蔓延的各種鬼崇拜根本無法控制，但想像中的陰間官僚機構的實際發展卻還是控制了鬼，還將它們收編於陰間官員的管理之下。有人可能會諷刺地說，現世政府在這個世界上未能做到的事情，陰間政府在另一個世界裡反而做到了。官僚系統化定義了鬼的世界，並為陰間的集體想像設定了一個框架。《楚辭》中的食人惡魔，現在換成了一群官僚。

這也提供了為什麼在我們將下一章要談論的《志怪》中，鬼在各個方面會越來越多地以人的形象出現，因為對鬼存在的集體想像，越來越接近人們在人世間所經歷的官僚環境。蔣濟死去的兒子在陰

73　紀南城　凰山一六八號墓墓發掘整理組一九七五，頁四。
74　張勳燎與白彬二〇〇六，頁一六三。
75　Poo 1998，第七章；Lai Goulong 2015，頁一五四—一五九。

間上訪的故事，就是一個很好的例子，說明人們是如何想像這個陰間官僚系統的運作方式。[76]因此，這個官僚化的陰間可能就為鬼故事的興起提供了心理環境。直到近代，它也成為了中國人宗教想像的最後一道牢不可破的咒語。

五、鬼形象的變化

鬼的概念可以理解為人們對死後生活的想像，同時也是他們對生者世界的感受甚至評論的表現。想像中的鬼活動可以揭示特定時代下的社會倫理，或者至少能暗示某些原本不易識別的時代特徵。有人可能會假設，由於大多數鬼原本是人，所以對其性格的描述自然會模仿它們還在世的狀況。然而，當我們回頭從商代開始看起，我們會注意到關於鬼的描述和故事往往缺乏關於它們個性的細節。一個例外，正如我們在第二章中所看到的，可能是保存在放馬灘秦墓出土文字中的復活故事，其中對鬼的習性進行了一些詳細的描述。然而這個故事裡文字所呈現的是對鬼的本質性一般描述，而不是對個別鬼的描述。[77]此外，我們很少讀到一個以鬼為第一人稱來說的故事。當敘述中提到鬼時，通常將其視為「它」，就如同一件「事物」。這就假設了或許鬼與人之間的交流是不可能或不必要的。當出現在任何人面前，鬼很少以普通人的方式或聲音與他們交談。換句話說，關於這些鬼的「個人故事」不存在，儘管它們可能是故事的一部分。

先秦文獻中關於鬼報仇的一個著名例子，大概就是彭生的故事：

齊侯游于姑棼，遂田于貝丘，見大豕，從者曰，公子彭生也，公怒曰，彭生敢見，射之，豕人立而啼，公懼，隊于車，傷足，喪屨。[78]

故事中沒有說野豬為什麼被認為是彭生的鬼，野豬也沒有自稱彭生，但是齊侯顯然相信了，所以他向野豬射出弓箭，打算殺死鬼。據《左傳》記載，[79]大約在八年前，齊侯曾命勇士彭生刺殺魯侯。後來，在魯國的壓力下，齊侯將彭生處死，以擔負罪責。因此，對於齊侯對在他手下工作的臣民所做的不公正事情，人民之中一定有相當程度的不滿，藉彭生的名義表達出來。之所以把大野豬當成彭生的鬼，大概是因為彭生的體型強壯結實，大野豬或許讓人們想起了他的形象。而且齊侯的憤怒反應，顯然是出於對彭生之死的憂慮和對鬼尋仇的恐懼，所以當隨從指出野豬是彭生的鬼，他的焦慮很快變成了憤怒和暴力的反應，以此來對抗他的恐懼。我們需注意，儘管關於彭生鬼復仇的故事相當完整，但「鬼」本人在敘述中沒有說任何話，因此整個故事沒有表達出任何他可能懷有的怨恨冤仇。

先秦文獻中唯一一個鬼以第一人稱說話的例子，大概就是我們在第二章看到的晉侯夢大厲的故

76 魯迅一九八六，頁一三九。
77 Harper 1994。
78《左傳正義》八：一七。
79《左傳正義》七：二五—二六。

事。在他的夢裡。鬼說：「殺余孫，不義！余得請於帝矣！」[80]當然，這些詞描述了生者與死者之間的一種基本關係，或者說是集體社會道德上所堅持和期望的基本關係，也就是說，無論生死都應為受委屈者伸張正義。然而，先秦時期的鬼大多不與人進行口語交流，鬼與生人之間幾乎沒有「人對人」的交流方式來交換意見。如果我們認為王充對鬼概念的表述不僅反映了他同時代人的普遍態度，而且反映了一般人的普遍態度，那麼我們就可以說，因為鬼會引起恐懼，所以在這樣的語境下，每當提到鬼大多是負面的態度。[81]因此，鬼與人之間的關係可以被認為是相互對立。具備驅鬼的能力成為一些具有神通能力者的顯著特徵之一，這就包括前面提到的方士。[82]如此看來，鬼作為早期中國文學傳統中的一個元素，還沒有形成某種獨立的性格，好讓作家們可以在其中注入自己的思想和想像力。換句話說，除了鬼復仇的這種基本套路之外，鬼還沒有成為講故事者用來表達和抒發特定思想或情感的工具。哲學家莊子關於路邊骷髏的詼諧且譏諷的鬼故事，可能是足以證明普遍狀況的一個例外（見第二章）。

這種對鬼的非個人想像，即要麼被驅逐，要麼被安撫，在後來的中國歷史上一直是大眾心智中的一種主要態度。然而，我們也可以觀察到某種從東漢時期開始更為明顯的趨勢，人們開始以更「可親近人」的方式想像或描述鬼的性質或性格。逐漸地我們看到越來越多的「人性」角度被傾注入到對鬼的描述中，因為它們開始被賦予「人性」，並被賦予與活人相近的個性。這種重新認識鬼的人性的過程，很明顯地，不能被精確地建立起來。我們只能依靠我們能找到的證據，並將東漢時期作為一個可能的起點。除了上面提到的天水放馬灘秦墓出土的復活故事外，我們掌握的一些更可信的證據是保存在應劭（約西元二世紀下半）《風俗通義》之中的故事。

有這樣一個故事，講的是陳國有個張漢直為了求學而離家。他離家幾個月後，一個鬼附身在他的妹妹身上並用他的聲音對家人說，他已經病死在路上，希望家人能照顧好他當初離家時還沒有完成的幾件事情。由於這些事情連他的妻子都不知道，而他剛剛從別處回家的妹妹也不可能知道，所以他的家人認為確實是他的鬼通過妹妹說話。這反映了一種信念，正如應劭所說，「世間多有亡人魄持其家語聲氣，所說良是。」[83]奇怪的是，從後文看來張漢直其實並沒有死，後來還平安回家。人們由此得出結論，他的妹妹被一個野鬼附身了。不過這個鬼附身的理由仍然令人費解。可以觀察到的是，這個故事完全以表現人的方式來呈現鬼的性格。然而這個鬼並沒有對生者造成任何傷害，所以這可能不是這一時期的典型鬼故事。另一個關於來季德的故事則講述了一個找麻煩的鬼：

> 司空南陽來季德停喪在殯，忽然坐祭床上，顏色服飾，聲氣熟是也，孫兒婦女，以次教誡，事有條貫，鞭撻奴婢，皆得其過，飲食飽滿，辭訣而去，家人大哀剝斷絕，如是三四，家益厭苦。

80　《左傳正義》二六：四五〇—四五一。

81　《論衡集解》，頁四四八—四五六、四六五—四七二。

82　請見：DeWoskin 1983。我們須記得，《後漢書》編纂於南朝宋代，所以這些故事可能受到了當時志怪傳統的影響。

83　《風俗通義校注》，頁四〇九。

其後飲醉形壞，但得老狗，便撲殺之，推問裡頭沽酒家狗。[84]

應劭對這個故事的評價是：「世間亡者，多有見神，語言飲食，其家信以為是，益用悲傷。」[85]對我們來說，這個故事表明，當時的人們相信無論是死者還是其他人的鬼，都可以通過非人體的媒介而以人的樣貌出現，並且可以透過殺死這種媒介來驅逐鬼。因此，對這個故事的一個可能的解釋是來季德的鬼附身於一條狗，並以它自己的形象出現。當那條狗被打死的時候，來季德的鬼肯定也就離開了，因為它沒有任何可以依附的媒介。但是，這個故事也可以將狗視為以死者的形式出現並騷擾來季德一家的惡魔。不過從故事情節來看，這個惡魔似乎不是很強大，也沒有什麼能力做壞事，還很容易被「殺死」，這說明了當時人們對於一些鬼的本質的特殊認識，覺得它們像一些很容易對付的平凡宵小竊賊或江湖騙子。故事中懸而未決的是：既然被鬼附身的狗被殺後露出了本來的樣子，那來季德的屍體在哪裡？類似的關於狗怪和蛇妖的故事在《風俗通義》的多處都有報導。[86]

這種信仰，如果我們回顧上一章的發現，對於那一時期來說並不新鮮，因為類似的各種鬼或靈附體的案例在睡虎地《日書》中早就有了。[87]在驅鬼手冊的指導下，鬼或精靈也可以很容易地被「殺死」。新奇的是，這些故事現在開始提供有關鬼的「個性」及其意圖的許多細節，這達到了一個過往文獻都難以企及的程度。鬼現在被認知和描述為有著人的性格：它們的行為、意念、情感、意圖、愛或恨都被編織到了敘述中。換句話說，這些是未曾見於早期材料的關於個體鬼的故事。這並不是說以前的作家沒有或不能描述性格或意圖，而是說鬼在那時候沒有被這樣對待。應劭搜集的鬼故事雖然只是《風俗通義》的一小部分，但這些故事顯然是六朝鬼故事的重要先驅者。[88]

鬼故事中的這種人性化傾向在六朝《志怪》中得到了進一步的發展。許多因素可以解釋這種趨勢：短篇小說這種類型的興起，對人物（無論是人還是鬼）要求更生動的文學肖像；社會中有追求異國情調和奇幻故事的相當熱情；以及佛教和道教傳教的盛行。[89] 整體來說，人性化趨勢可以被視為集體努力創造理想世界的一部分，這是因為鬼世界在某種意義上比人的世界更加理想，理由是在鬼的世界中，原本在世間的許多限制都可以被超越或開脫，因此創造了一些可以減輕生者所遭受的痛苦或困難的條件，而這正是我將在下一章中論證的。

漢末以來表達鬼主題的文學表現興起，促成了中國社會中鬼文化的發展。其實，這些更人性化的鬼形象並沒有取代以前的鬼概念，但它們為鬼的性格增添了豐富的色彩。當它們的特點在大眾心理中

---

84 《風俗通義校注》，頁四一六。

85 《風俗通義校注》，頁四一六。

86 《風俗通義校注》，頁四二三。

87 蒲慕州一九九三a。在進行類型學分析的背景下，高辛勇也將這種「萬物有靈現象」追溯至更早的文化傳統；請見：Kao 1985，頁五—九。

88 《風俗通義》中至少有三個故事被納入六朝最早的鬼故事集《列異傳》，據傳《列異傳》由魏文帝曹丕所編。請見：王國良一九八八。關於《風俗通義》與六朝志怪之間的聯繫，請見：曹道衡一九九四。康儒博特別強調志怪文學起源中搜窺萬象（cosmological collecting）的傳統，請見：Campany 1995，頁一〇一—一二六。

89 Poo 2000。

根深柢固後，這些經過點綴或豐富的鬼形象逐漸內化，成為人們集體想像的自然組成部分。因此，我們可以觀察到中國社會有描繪鬼的兩種方式：一方面，認為惡鬼必須加以整治的古老概念在幾個世紀以來一直存在；另一方面，當人們處於一種比較放鬆或猜疑的態度時，通俗小說和故事中出現的鬼越多姿多彩——具有各種異能而又充滿奧妙事蹟——也就越有可能會引起人們的注意。

因此，瞭解鬼文化的最佳方法就是觀察人們如何想像鬼的樣子，它們可以或打算對人做什麼，它們如何能被人控制，以及為什麼所有這些會如此發生。本章的目的以考察早期帝國時期的中國鬼文化出發，特別觀察了官方和私人宗教活動之間可能存在的差別。我認為，帝國宗教儀式活動的目的是確保國家的繁榮和統治者的個人福祉。這些官方宗教儀式通常與一些更高級的神靈相關，儘管有時「小鬼」也被提及。而另一方面，對鬼的信仰通常是在私人領域進行的，上至皇帝在朝廷上舉行，下到平頭百姓在家裡舉行。從某種意義上說，對鬼的信仰主要是一種地方性的現象，因為鬼與人的互動往往是個人的，因此是地方性的。早期帝國時期的中國宗教環境主要是由官方崇拜儀式構成的，但其間充斥著對鬼與靈的私人崇拜。

雖然人們普遍認為鬼總是引起恐懼並創造可怖經歷，我們也可以反過來說，正是因為人們相信鬼真的存在，這種想法可能有助於緩解社會中的某些緊張局勢。它可以緩解緊張情緒，因為人們知道鬼可以為某些不幸事件負責，並且人們有許多辦法應對鬼的襲擊。文字證據無疑為我們提供了一些關於中國古人如何談論鬼的資訊。問題是，人們真的「相信」這些故事嗎？這個問題的回答中含有某種程度的不確定性也是必然的，正如《莊子》中的一段話：「有以相應也，若之何其無鬼邪？無以相應也，若之何其有鬼邪？」[90]在精英階層的文本中，鬼大多被用來服務於某些說教目的，並無論是儒家、道家、墨家還是法家都將之作為構建世界觀或哲學體系的一種手段。《莊子》裡夢見路邊的骷髏鬼的故事就是一個很好的例子。[91]

鬼的信仰還可以提供一些心理上的好處：它可以滿足好奇心，增強和釋放情緒，甚至可以像許多鬼故事所顯示的那樣具有娛樂性。事實上，關於鬼的討論是人們與他們的信仰進行交涉的完美灰色地帶：人們永遠無法完全確定鬼是否真的存在；因此，宗教性虔誠總是有扎根的空間。下一章將探討鬼故事的多重功能，作為娛樂文學、作為奇觀記錄、作為人類生存狀況的一種反映，又或者作為構建理想世界的一種嘗試。

90 《莊子集釋》，頁九五八。

91 《莊子集釋》，頁六一七—六一九。

第四章

啟明幽暗的鬼故事

相信鬼意味著談論並創造鬼的形象。這也意味著試圖讓其他人相信有鬼，通過使用這些文本和圖像來實現非常實際的目的，使其有利於生者，尤其是那些有權勢的人。[1]

一、追尋志怪中的鬼

本章討論中國中世紀早期（六朝時期）裡主要表現在《志怪》之中的鬼。在這些故事中，鬼要麼是死去的人類，要麼通常是行為或看起來像人類的非人類精靈或惡魔。我們此前已經遇到了從前帝國時期到漢代各種各樣的鬼。然而，正如我們在前一章中所提示的，鬼在六朝文學創作中所扮演的角色發生了質的變化。也就是說，鬼是從一個沒有過多闡述角色特質的配角，演變成性格完全成熟的故事主角。此外，六朝時期是佛教和道教開始在民眾中逐漸產生廣泛影響力，並以各自的方式將先前已存在的信仰融入其體系的時代。[2]鬼的概念不可避免地成為兩個宗教都需要謹慎對待的核心宗教主題之一。這次相遇的結果，對中國社會如何形成宗教心態具有深遠的意義。若要理解中國宗教生活的發展

1 Schmitt 1998，頁八。

2 對於這一時代初期知識氛圍的一般描述，請見：唐長孺一九五五；Holzman 1956，1957，1976；DeWoskin 1977；吳宏一一九七七；李劍國一九八四，頁一三八—二四〇；王國良一九八四，頁一三—三六；王瑤一九八六，頁四四—七九；Holcombe 1994；魯迅二〇一三。關於這一時期的文學背景的說明，亦可見：Tian 2010。

歷程，我認為六朝時期的鬼觀念占有至關重要的地位。以往對中世紀鬼主題的研究主要集中在文學表現形式和《志怪》的類型學上，較少關注其宗教意義。[3]正是康儒博（Robert Ford Campany）教授的功勞，讓人們對《志怪》的宗教意義有了新的認識。康儒博將有關鬼的《志怪》故事視為對處理生者與死者之間關係的新型探索，[4]正如許多作者為他們的讀者描繪的那樣，是一連串各種狀況的組合，其中「還活著和死去的人們一開始是陌生人，而最終……儘管將他們阻隔的鴻溝仍然存在，彼此被道德上、而更多是情感上的紐帶緊繫在一起。」[5]在本章中，我們將通過討論鬼的形象和這些文學表現所體現的意義來進一步探索《志怪》宗教方面的意涵。

研究中國宗教的學者曾指出，無論是近代還是帝國時期初期，陰間在很大程度上都是按照人世間的模式構想出來的。[6]我們在前幾章中的討論很大程度上也證實了這種觀點。然而，最能說明這個說法的，是兩個世界官僚體系結構之間的相似性。至於人物的心理、情緒等一些更細微的問題，就很難用「鏡像」一詞來描述社會現實與鬼世界的文學表現之間的複雜關係。我的基本假設是，鬼故事代表了對現實中被限制或禁止的那些生活成分的渴望，所想像出來的表達。作家們有意無意地通過講述鬼故事來構建一個理想的世界。這是因為在鬼的世界裡，現實世界中的限制和禁忌可以被超越或超脫。[7]另一方面，人們也可以思辨，認為這個想像出來的世界，若放在中國中世紀早期的現實脈絡之外，是不可想像的。這是因為作者不可能創造出集體心理狀況和集體想像力，還用以作為生產和傳播他們筆下鬼故事的主要動力。此外，鬼世界的文學想像還必須依賴於社會上已經存在的那些非文學性或一般大眾的想像。對於讀者來說，這些故事不僅提供了驚奇娛樂的體驗，還能是對他們所相信或傾向於相信事物的一種確認，從而緩解一些心理張力。

《志怪》文學的結構、內容和文學歷史意義已被深入研究。六朝的政治、經濟和思想氛圍為《志怪》的發展提供了機遇，但同時也制約了其內容的性質。促成《志怪》文學興起和發展的歷史趨勢可描述如下。首先是道教和佛教的興起，產生了中國前所未有的大規模宗教文獻。從現存文獻上看，道教經典和佛教經文都大量包含有關鬼神的文字。這些是專家才能用得上的驅鬼咒語或驅邪儀式文本。其二是「清談」的風尚，文人聚集在一起，交流哲學或文學以及對世事和人情的遠距觀察。[8]這些雖然多是高談闊論的交流，但關於鬼和奇聞異見的各種傳說和故事也可以在這樣的上流文學社會中傳播

---

3 關於志怪類型學和文學結構的分析，請參見：DeWoskin 1977；Kao 1985，頁一—五三；Yu, Anthony C. 1987。李劍國對唐代之前志怪的起源和發展進行了最全面的討論（李劍國一九八四）。王國良提供志怪的專題分析和參考書目介紹（王國良一九八四）。葉慶炳在不涉及宗教方面的前提下，討論鬼的文學形象（葉慶炳一九八五）。金榮華討論了志怪中的神鬼形象，得出的結論是，由於鬼魂世界是一個以人世界為基礎的想像世界，當人們去除掉故事中的超自然想像時，鬼魂的舉止行徑其實與人無異（金榮華一九八四）。吳維中給出了一個相對簡化的圖景，並認為志怪是一種「文學化的宗教活動」，其目的是宣揚迷信，並關注世俗生活的實際利益（吳維中一九八九，一九九一）。

4 Campany 1990，1991。

5 Campany 1995，頁三八四。

6 Wolf 1974；Poo 1998，頁一六七—一七〇。

7 Campany 1995，頁三六五起。

8 唐長孺一九五五；Holzman 1956，1957，1976；王瑤一九八六。

開來，並且後來被收錄成書。第三，這一時期歷史和文學作品的普遍繁榮，[9]無疑是受益於東漢以來紙張的日益廣泛使用，這一點無論怎麼強調都不為過。[10]

文學以某種方式不可避免地反映了當時的現實，無論是政治的、社會的、智識的還是宗教的。儘管這種觀點有一定的道理，但這種觀察往往仍然是由印象所構成的老生常談。正如康儒博所指出的，這些觀察並不能真正解釋這些特定類型的文本為什麼在這個時代出現。[11]對於《志怪》，尤其是鬼故事，我們需要對個別故事進行詳細分析，以提取它們所具有的意義，並不僅試圖理解故事的全部意義，而且還要理解講故事的人和讀者的心態。對我們而言，更有趣的問題是：作者的目的是什麼？這些故事如何流傳開來？為什麼人們喜歡閱讀、談論和聆聽他們？不管這些故事是否是由相信鬼和精靈存在的信徒和支持者創作的，社會需要和讀者的心態可能才是使這些故事得以流傳的動力。通過尋找這種社會需求和讀者心態，我們或許可以對當時宗教和文化背景脈絡中《志怪》的意義有所瞭解。下面我將首先對《志怪》中的鬼進行類型分析。通過從故事的背景脈絡來提取出鬼的「類型」，我們可能會冒著一定的風險，遺漏掉故事中可能帶有社會批評的一些文學修辭手法和細微見解。類型分析絕不足以取代對每個故事所有含義的細緻閱讀，因此只不過是查看一般表達方式下鬼的集體形象的一種方便手段，以幫助我們接近作者和讀者的心態，而這正是我在本章中要探討的第二個主題。

二、鬼的類型

直抒胸臆的鬼

鬼的一個突出的共同特點是它們的直率坦白，甚至到了頭腦簡單的程度。有一則關於青州刺史宗岱的故事，他是一個以駁斥鬼的存在而聞名的人。一天晚上，一個被宗岱禁止了崇拜儀式的地方鬼以書生的身分出現在他面前。當他們討論鬼是否存在時，鬼憤怒地說它要報復宗岱取締了它的崇拜儀式。[12]我們將在本章後面進一步討論這個案例。類似的情節也出現在阮瞻的故事中，他也寫了一篇無鬼論。有一天，一個鬼偽裝成書生來找阮瞻，挑戰他的論點，並說它自己就是鬼。[13]

在這些故事中，鬼通過直接出現在不相信它們的人面前來證明它們的存在。有趣的是，在故事中，就連鬼也無法爭論並贏得關於它們自己是否存在的辯論：它們的存在是信仰與理性博弈的一個案例。顯然，這個故事的寓意是，在一個普遍相信鬼存在的世界裡，單靠理性並不能解釋一切。在另一

9 吳宏一一九七七；李劍國一九八四，頁二二〇—二三七；魯迅二〇一三。
10 Tsien 1962。
11 Campany 1995，頁一六八、一九九—二〇一。
12 魯迅一九八六，頁二八。
13 魯迅一九八六，頁一一九、二五七。這則故事被引用在他在《晉書》的傳記中（《晉書》，四九：一三六四）。

個故事中，以評注儒家經典而聞名的漢代學者鄭玄（西元一二七—二〇〇年）的鬼出現在才華橫溢的年輕學者王弼（西元二二六—二四九年）面前——王弼對老子的評注確立了後世對道家哲學的研究——並且斥責他不尊重前輩學者，也就是鄭玄本人。[14]人們不禁會感覺到這中間暗藏的是，久負盛名的儒家傳統與新興對道家哲學的興趣之間的衝突。在所有這些故事中，鬼都直截了當地提出抗議，而結果都是一樣的；也就是，那些對鬼表現出不敬的人們很快就得面對他們的命運。我們甚至可以說，鬼幾乎是在自詡合理地捍衛自己的生存權。

容易受傷的鬼

有時，鬼甚至可能顯得頭腦特別簡單。本章稍後有一個關於宗定伯的故事，描述了宗定伯如何騙鬼帶他走，而這鬼還揭示了捉鬼的方法。最終鬼以山羊的模樣被宗定伯抓住，放到市場上出售。[15]在另一個故事中，一個叫劉遁的人被鬼拜訪，從鍋裡偷走了他的食物。知道鬼會再來，他就熬了一鍋毒粥。果然，鬼又來了，還把粥一口吞了下去。當劉遁找到空鍋的時候，他還能聽到鬼在嘔吐的聲音。[16]在又另一個故事中，一個頑皮鬼總是將骯髒的東西扔到一戶人家的食物中來打擾他們。惱怒的主人最終想出一個計謀。他大聲說他才不怕髒東西，但如果鬼拿錢砸他，那他就真的氣炸了。鬼聽信了之後就向他扔錢，所以他很快就發了一筆小財。[17]這些故事都有一個共同特點，就是雖然鬼可能會捉弄人，但重點是人比鬼更聰明。有時，鬼的性格甚至被描繪成相當軟弱，例如我們將在下面看到阮德如的故事，他羞辱了一個害羞且無害的鬼。[18]

這種頭腦簡單甚至幼稚的性格並不局限於男性的鬼。有個叫鍾繇的人曾與一名女子有染，後來才知道那女子竟是鬼。他因此暗中密謀要殺了她。雖然她已經察覺到鍾有惡意，但她還是相信鍾繇的愛，相信他說不會傷害她。[19]最終，她被多疑、忘恩負義的鍾繇所傷害。更多的故事也有類似的情節：女鬼不僅被描繪成外表迷人，而且一心一意地獻身於她們所愛的男人，儘管有些男人最終變得忘恩負義。[20]根據一項研究，在這一時期的《志怪》中一共講述了二十三個男子與女鬼結婚的故事，其中只有一個女鬼傷害了一個男人，即她「不忠」的丈夫在她（鬼）死了之後再娶了另一個女人。而所有其他女鬼都被描繪成忠實的戀人。[21]

我們應當如何理解這些鬼的性格的特徵？心理補償理論的一種解釋方法是將這種類型的女鬼詮釋

14 魯迅一九八六，頁一一四。
15 魯迅一九八六，頁一四一—一四二。
16 魯迅一九八六，頁一七二。
17 魯迅一九八六，頁一八四—一八五。
18 魯迅一九八六，頁一一五、二五七。
19 魯迅一九八六，頁三八五。
20 例如，魯迅一九八六，頁一四四—一四五、一五八、一九〇—一九一。
21 顏慧琪一九九四，頁八六—一〇三。

為渴望理想女性伴侶，但在性欲上沒有得到滿足的男性講故事者所幻想出來的產物。[22] 換言之，這是社會現實的一種反映，兩性之間的關係仍然受到社會上盛行的禮教的嚴格監督。在這裡可以引用余國藩關於「風流鬼」的評論：「男性是『正常』的人類主角，而女性幾乎總是被描繪成另一個令人難以置信的美麗、才華橫溢、感性，有時甚至是不似人間有的賢慧形象。」[23] 余國藩進一步說，鬼故事中的女性是「一種幻想造物——既一往情深又懾人心魄，讓人又渴望又恐懼。」雖然他沒有從六朝《志怪》中選出很多例子，但他的觀察非常具有啟發性。[24] 不過值得一提的是，在六朝時期男性鬼在男鬼－女人的婚姻或愛情故事中也占有重要地位。[25] 此外，男性性幻想的解釋是否完全適用於《志怪》也是值得商榷，我們將在下面討論。

回到我們的主題，《志怪》中的鬼通常被描繪成具有簡單的性格，也就是說，它們的意圖和情感不如人類複雜。這是否反映了一種認為人在本質上比鬼更聰明的心態？這種態度可能會吸引那些急於在人鬼較量中占上風的讀者。我們知道即使在今天的中文口語中，「你在騙鬼」或「只有鬼才信」之類常用的表達方式清楚地表明，鬼比人更容易被欺騙。另一方面，也有人認為作者的意圖實際上是利用這些鬼故事來批評一些社會惡習——人有時比鬼更奸詐。鬼的天真和易信的性格或許才是真正的人性應該有的。

女鬼

接續上面提到的女鬼話題，理論上很有吸引力的說法是，風流女鬼的「理想型」或甚至是愛上男鬼的女性，都反映了因現實生活中缺乏而導致壓抑的男性性幻想。根據這個解釋，故事所描繪的男人—女鬼或是男鬼—女人之間的風流韻事，不僅是作者思想、觀念或信仰的有意識投射，本質上更是對根深柢固的欲望、本能和情感一種無意識的深刻表達。這些情節和形象滿足了對情欲、浪漫、好奇或僅僅是興奮和刺激的受挫欲望。此外，想要擺脫現實生活中遇到的社會和道德所規範和形塑的賢慧勤勞女性，正是男性的這種渴望對某些風流女鬼的刻畫提供靈感，讓她們可以無視社交禮儀，向男人提供無緣無故卻又毫不掩飾的愛。值得注意的是，在這些故事中這些男人的個人成就、道德品質或社會地位與他們為何被風流女鬼選中之間沒有明顯的因果關係。這些故事中的男人無需通過所有必要的程序就可以獲得配偶，更不用說理想的情人，而是可以沒有代價地獲得無所保留的關愛，並享受絕世美女的陪伴。對清代小說中狐仙的研究表明，在大多數情況下，與女狐仙或女鬼有過風流韻事的那些

22 賴芳伶一九八二。
23 Yu, Anthony C. 1987。
24 至於類似唐代的人鬼愛情故事，請見：Dudbridge 1995，頁一五四—一七三。
25 顏慧琪一九九四，頁八六—一〇三。

男人的個人性格和成就不曾被提及，這表明這些訊息對於故事來說並不必要。[26]

這一觀察無疑需要有六朝時期性別關係和女性形象進行細緻研究的支持。根據已有的討論，我們可以說六朝時期的女性總體上似乎在社會活動中享有極大的自由度。[27]例如，在《抱朴子》中，葛洪（約西元二八三—三四三年）批評了他那個時代的一些婦女，她們可以自由外出，參訪寺廟和朋友家，遊蕩在街頭自由地唱歌喝酒，直到深夜才歸家，甚至在朋友家過夜。[28]葛洪是早期道教思想的傳播者和理論家之一，我們將在下一章更多地談一談他。這樣的社會氛圍對於當時《志怪》的作者來說應該相當熟悉。因此，我們至少可以說，「風流女鬼」類型不僅來自男性的補償心理，而且可能是社會現實的反映，即使只反映了一部分。

尋仇的鬼

對於男鬼和一些女鬼來說，為生前所受的冤屈報仇似乎是它們故事中最常提及的事蹟之一。典型的鬼報仇故事與上一章所討論彭生的故事能產生共鳴，即一個人被某個官員冤死，然後以鬼的身分回來報仇。[29]另一個故事講述了一個善妒丈夫的鬼傷害了他的寡婦，因為她違背了他死後保持貞潔的承諾。[30]另一方面，女鬼也可以報仇雪恨，雖然這樣的例子不如男鬼復仇來得多。有人認為，這些故事展現了互惠原則，並強調了跨越社會和本體論邊界的道德原則共同性。[31]然而話雖如此，我們也應注意到，並非所有的報復行為都如此地「理性」。在一個故事中，一位嫉妒的妻子在死後出以鬼之姿現身，導致她不忠的丈夫死亡。她的怒火如此熾盛，以至於連她自己的兒子都無法逃脫她的毀滅。[32]我們在前面也提到了王弼的故事。他在寫《易經》注釋的時候，對鄭玄的意見嗤之以鼻，說：「老奴甚無意。」那天晚上，鄭玄的鬼來到他面前，怒罵道：「君年少，何以輕穿文鑿句，而妄譏誚老子邪？」沒過多久，王就猝死了。[33]從表面上看，這是一個關於一個鬼因被侮辱而尋求報復的故事，不過他不是在生前被侮辱，而是在死後很久。這個事實本身就很不尋常，因為一般鬼故事中的大多數鬼都是新死的。此外，我們可以假設，在這個特殊的案例中，這個故事可能反映了王弼時代學術界之內的某種爭論，以及說這個故事的人可能支持漢代學者解釋《易經》的傳統。他不但沒有直接表達自己的意見，而是編造了這個故事，並假借鄭玄的鬼來發洩對王弼的不滿。

有趣的是，雖然睡虎地《日書》驅鬼文書中的例子表明，不幸死去的小孩可能會成為鬼來糾纏生

26 楊國樞和余安邦一九九二；Chan 1998。
27 Lee 1993；Poo 1997。
28 《抱朴子內外篇》，頁五九八—五九九。
29 魯迅一九八六，頁一八二—一八三。
30 魯迅一九八六，頁一五七。
31 Campany 1995，頁三七八—三七九。
32 魯迅一九八六，頁一八七。
33 魯迅一九八六，頁一一四。

人，[34]但我們在《志怪》中卻幾乎找不到兒童鬼。因此，六朝的鬼界是一個以成年人為主的世界，而這並不是中國鬼界特有的現象。在歷史上不同的文化中，我們看到在大多數鬼敘述中都普遍缺乏兒童的鬼。在中國的案例中，從前帝國時期到我們所研究的時代，唯一提到的兒童鬼是在睡虎地秦墓《日書》的驅鬼文書一章中發現的（見第二章）。《太上正一咒鬼經》等道教典籍中，正如我們將在第六章看到的那樣，列出了許多不同種類的鬼，但看來沒有一個是兒童鬼。在古代美索不達米亞、埃及、希臘或羅馬等其他文化中，也沒有提到過兒童鬼。一種可能的解釋是，由於古代社會中未成年的兒童不被視為社會的正式成員，因此他們不太可能被提及。然而，這並不意味著這些社會中的父母不會為孩子的死而哀悼。有一份紀念五歲的許阿瞿的東漢墓墓誌，[35]與埃及托勒密時代的一個叫佩特奧西里斯（Petosiris）之子托特瑞克（Thothrekh）的孩子的墓碑文有很大的可比之處；[36]它們都因為孩子未能過上預期的完整人生就失去生命而悲痛。

善意的鬼

除了給人帶來麻煩之外，有時鬼也可能是仁愛慈善的。在不少故事中，鬼不僅是無害的，而且還會以各種方式幫助人們。最常見的是，鬼可能會出現在他們的家人面前並提供各種幫助，正如我們在張漢直的故事中看到的那樣。在另一個故事中，有個叫劉沙門的人死後，留下了他可憐的妻子和一個年幼的兒子。有天夜裡，一場猛烈的暴風雨摧毀了他們的房子，他的妻子抱著兒子哭著說：「汝父若在，豈至於此！」那天晚上，她夢見丈夫叫了幾十個人來幫忙修房子，第二天早上房子果然就恢復了。[37]鬼想幫助自己的親友是可以理解的，但有時它們的動機並不十分明顯。有個叫張牧的人經由一個年輕女鬼的幫忙，確保他貧困的家人每天都有足夠的食物。最終，這個家庭變得富裕。[38]這鬼與張家沒有關係，也沒有告訴我們她為什麼要幫助這個貧困的家庭。這個故事並沒有試圖對張牧的任何優點進行道德化，只是提到他的貧窮值得同情。

待助的鬼

除了給生者帶來麻煩或幫助他們之外，有時鬼也尋求幫助。曾經，某周家的丫鬟到森林裡拾柴。當她休息的時候，一個女人在夢中來到她面前，要丫鬟幫忙把她眼睛上的刺去掉。丫鬟醒來時，果然在附近發現了一具棺材，骷髏頭骨上長著草。將草移開後，她發現頭骨下有一對金戒指，她知道這是

34　睡虎地秦墓竹簡整理小組一九九〇，頁二一四—二一五。
35　南陽市博物館一九七四。
36　Lichtheim 1980，頁五二—五三。
37　魯迅一九八六，頁一五九。
38　魯迅一九八六，頁一五七—一五八。

鬼的謝禮。[39]類似的故事講述了一個鬼讓一個男人重新埋葬他的棺材，讓他可以從監禁中釋放出來。[40]另一則故事記述女鬼請男子幫她報復丈夫新納的小妾，因為那個小妾虐待女鬼的孩子。[41]一個相反的情況發生在一名男子身上，一個男鬼要求他幫助它向它的妻子報仇，因為它的妻子通姦並謀殺了它。[42]這些故事背後的心理可能是假設生者和死者應該站在相同的道德尺度上——鬼不過是處於不同階段或不同存在狀態的人罷了。

任性的鬼

鬼的行為特徵之一是它們意圖的不確定性。我們至少能感覺到鬼報仇或助人行為背後的道理。但是在其他一些故事中，這些鬼被描述成出於它們心血來潮的惡意而行為，與受它們所困擾的人的作為沒有明顯的對應關係。例如皇甫鬼，它散播瘟疫，姦淫少女，[43]例如吞食兒童的鬼，[44]又例如驚嚇單純正直人們的鬼。[45]從受害者的道德、性格或生活條件中都找不到這些鬼為何攻擊他們的合理解釋。似乎這些故事的唯一目的就是告訴讀者，鬼的世界不可預測，人的命運任由這些惡靈擺布。

鬼也可以出現在人們面前，以證明它們存在的真實性，這樣人們就沒有辦法忽視它們。有好幾個故事都涉及到同一個主題：一個鬼偽裝成人，與一個不相信鬼存在的人進行辯論。因為無法贏得辯論，沮喪的鬼最終被迫承認它實際上就是一個鬼，以結束表面上的尷尬。[46]當然，我們也可以雙向解讀這樣的故事：從說故事者的角度來看，這是為了證明鬼真的存在，這個世界充滿了各種神奇的現象；另一方面來看也是合理，即鬼在某處勝於人，但不一定是在智慧上。有時鬼會出現，施展一些異能，然後離開。[47]這些鬼基本上是無害的，它們之所以出現的目的，只能理解為它們想滿足做自己喜歡做的事情的願望。這些故事的意圖，如果我們想弄清楚，就需要單獨逐一破譯。有一個故事說，著名的文人音樂家嵇康（約西元二二四—二六三年）有天晚上演奏古琴時：

> 忽有一鬼著械來，歎其手快，曰：「君一弦不調。」中散與琴調之，聲更清婉。問其名，不對。疑是蔡邕伯喈。伯喈將亡，亦被桎梏。[48]

39 魯迅一九八六，頁一九〇。
40 魯迅一九八六，頁二八一。
41 魯迅一九八六，頁四二三—四二四。
42 魯迅一九八六，頁三〇六。
43 魯迅一九八六，頁一八三。
44 魯迅一九八六，頁二〇一。
45 魯迅一九八六，頁四一三。
46 魯迅一九八六，頁一一九、二五七。
47 魯迅一九八六，頁二五三—二五四。
48 魯迅一九八六，頁二〇、一一九—一二〇。

蔡邕（西元一三三—一九二年）是一位著名的學者，除儒家經典外，還因通曉天文學、樂理而聞名遐邇。他受到政治對手的迫害，死於獄中。這個故事似乎在表明他的不幸命運並沒有被後來的作者遺忘。在這個故事中，鬼的來訪不僅沒有引起任何恐懼，反而帶來了一些浪漫和懷舊的感覺。它還帶一個特殊的信息：嵇康不僅不怕鬼，而且還與一位著名學者相伴為伍。這反過來又表明他也是一個品味高雅的人。因此，這個故事的主要目的不僅是展示鬼對古琴的獨到長才，還展示出嵇康的品格和品味，因為他是當時最受尊敬的文人之一。此外，作者還通過告訴讀者蔡邕精通古琴、戴著手銬死在獄中，證明了他自己的學識淵博。因此，寫一篇鬼故事就變成了作者掉書袋式的精緻演出。此外，這樣的故事可能會吸引文人，但可能不會像其他一些更刺激的故事那樣引起普通百姓的共鳴。最後，我們可以看到，這個鬼故事其實無關於鬼，而是關於社會正義、學術情誼，以及文人如何利用鬼概念來表達自己的觀點。

三、志怪文學的創作理念

當我們開始考慮這些故事的意圖並嘗試揭開它們時，上面的例子展示出這些故事背後的豐富訊息。這些鬼故事作家的目的是什麼？他們真的相信有鬼嗎？他們是否試圖在娛樂讀者的同時也摻些說教？我們掌握的證據包含各種可能性。然而，非常清楚的是，對於《志怪》的目的或意圖不可能只有單一的解釋。

據目前我們所知，六朝《志怪》的作者大致可分為三類：沒有特殊宗教傾向的文人、信仰佛教的文人僧侶，以及道教的擁眾。[49]至少有些作家可能是真正的信徒，想說服他們的讀者相信鬼確實存在。其他人可能不相信鬼，而是用這些故事來表達他們對人世間的感受或評論。他們沉醉於一種在文人圈中流行的思想，深深著迷於非傳統、非道德、非政治（至少在表面上）、超然和超越的思想。儘管一些知名作家寫過其他更為「嚴肅」和有助仕途的作品類型，例如詩歌或歷史，但他們也創作了《志怪》類型的作品，這一事實表明他們的心理世界其實很複雜。從某種意義上說，寫鬼故事可能是表達他們與當時「清談」風格知識分子圈在智識上產生聯繫的一種方式。無論如何，我們不能假設這些記錄只反映了對超自然現象的單一意圖或態度。再者，《志怪》的出現可能象徵著人們對生人與死者之間關係的看法發生了變化，[50]但很難證明作者懷揣著這樣的目的來撰寫或收集這些故事。此外，我們可以同意《志怪》的作者不僅描述了死者的世界及其與生者的關係，而且還「幫助形塑了那個世界和那些關係」。[51]然而，我們也應該意識到一種可能性，即故事講述者或作者周遭的世界充滿了許多對這些故事感興趣的人，他們主要就是為了閱讀或聆聽這些奇妙情節所帶來的樂趣。一些版本各異的故事反復收錄在各種集子中，這表明它們很受歡迎。[52]一個好故事的吸引力不外乎具有戲劇性的曲折情

49 更細節的討論請見：小南一郎一九八二；王國良一九八四，頁三七—五二；Campany 1995，頁一六八—一七九。
50 正如康儒博所議，請見：Campany 1991，頁一六—一八。
51 Campany 1991，頁一六；1995，頁一九九—二〇一。
52 Campany 1995，頁二二起。

節和事件的諷刺性轉折，這都很可能對作家所選擇的創作題材和風格產生了相當大的影響。但無論作者的意圖如何，他們都不能只按照自己個人的癖好進行創作。換句話說，鬼故事的講述和書寫都不是單向的；這是一個相互的過程，作家和講故事者能從文人圈或整個社會的觀眾那裡得到回饋。

葛洪在《抱朴子》中生動地描述了這個時期講故事和八卦閒談活動充斥在一般人的生活中。他提到，在他那個時代，人們經常會講故事和八卦，「或上及祖考，或下逮婦女」。[53]這些人不僅包括平民百姓，還包括有文采稟賦的人。曹植（西元一九二—二三二年），著名詩人、作家，魏文帝曹丕（西元一八七—二二六年）的弟弟，曾在一次聚會上以表演胡風舞蹈，還講述幾千字粗俗但有趣的故事，所有這些舉止都是為了與他一位博學的客人較量。[54]由此可見，一些源於民間的故事和活動，也是可以為文人高士所賞識的。事實上，據說魏文帝自己編纂了最早的一個《志怪》文本，即《列異傳》。[55]《陳書》中也提到，始興王陳叔陵經常熬夜通宵，邀請賓客來一同交換流傳於民間的各種鄉野傳奇。[56]這些都是文人精英與平民百姓接觸和交流訊息的例子。諸如此類的活動無疑是《志怪》重要的訊息來源。除了使用各種早期文獻中記錄的故事以及彼此相互複製之外，《志怪》的作者還收納了他們從當地傳說和傳統中聽到或收集的故事。[57]有鑑於此，我們不得不意識到，至少有一部分的鬼故事作家寫這些奇事怪談的主要目的可能就只是為人們提供茶餘飯後的娛樂。在這樣的情況下，故事所承載的任何宗教或道德意義，對於作家來說，都比不上他們對於扣人心弦敘述的渴望。

我們可以用創作《搜神記》的干寶（西元二八六—三三六年）為案例，來看要確定作者意圖是何等的困難。他在序言中說，他編纂這部作品的目的是「發明神道之不誣也」。[58]然而，我們是否能相信干寶本人真的相信鬼魂存在，而且他收集這些故事的目的是出於他對超自然的信仰？畢竟，干寶本人是一位典型的儒家士大夫，以多部歷史著作和對儒家經典的評注著稱。干寶的案例，其實與應劭《風俗通義》的情況類似，《風俗通義》可以說是最早《志怪》類故事集的一個例子。因此，認定他的意圖就是要從信徒或實用主義——即以對鬼的恐懼作為對政權腐敗和社會不公正的威懾——的角度來宣傳鬼的存在，並不完全合適。

而且，由於《宣驗記》、《冥祥記》等鬼故事集相當之多，它們都涉及到地獄、報應等佛教觀念，我們由此得出的結論是，這些作品是為了弘揚佛教。[59]事實上，正如已經暗示的那樣，這些《志怪》故事作者們的動機有時是「明顯有傾向性的」。[60]另一方面，也正是由於觀眾傾向於相信鬼及其世界的存在，使得這些作家能趁中國人熟悉這套媒介之便來傳播佛教。在佛教早期，佛教思想通過這些故

53 《抱朴子》，頁一四六—一四七。
54 引自裴松之的注釋；請見：《三國志》，頁六〇三。
55 請見：李劍國一九八四，頁二四四—二五一；王國良一九八四，頁三一五—三一六；Campany 1995，頁四七。
56 《陳書》三六：四九四。請見：李劍國一九八四，頁二二九—二三五。
57 小南一郎一九八二；王國良一九八四，頁五三—六四；Campany 1995，頁一七九—一九九。
58 如杜志豪和余國藩所指出的這種稱之為「為鬼神存在找理由」的心智狀況；請見：DeWoskin 1977, Yu, Anthony C. 1987，頁四〇三—四〇五。亦見：Kao 1985，頁二〇—二一；Campany 1991，頁二三—二四；1995，頁一四八。
59 DeWoskin 1977，頁五〇；Kao 1985，頁一一；魯迅一九八六，頁四三五起。
60 Kao 1985，頁二〇。

事集對廣大公眾造成的影響應該是不可小覷。因此在此時期鬼節（盂蘭盆節）開始成為民間佛教的重要元素，也許並非巧合。[61]然而，我們不得不承認，我們對《志怪》的許多作者或編纂者的確切人生軌跡幾乎一無所知，更別說他們的創作動機。[62]嘗試分析個別故事以揭示其背後的心態可能反而會更有成效。因此，我們要專注於《志怪》的作者在他們的敘述中可能表達的幾個主題。

正義

鬼故事作為構建敘事的一種方便而有力的工具，它們能幫助敘述者發展必要的情節，從而傳達一些重要的訊息。這些訊息可能與正義或道德原則問題有關。還有一些故事沒有辦法簡單地歸為任何一種類型，因為鬼的狀態和人的狀態非常相似，在表現仇恨、愛情、焦慮、譏笑、嘲諷或懷疑的各種方面只可以說是萬分複雜，而我們從下面的故事就可以看出。因此，在嘗試進行一般性評估之前，我們應該嘗試分析那些可能讓我們理解故事中所包含訊息的複雜性的各個元素。

有兩種鬼故事與由鬼所主持的正義有關。第一種是由真實人物或歷史著名人物的軼事來講述的。第二種是或多或少沒有涉及時代背景的故事，其意義在於故事本身，故事中角色的真實身分並不重要。由是，鬼所尋求的正義在性質上可能會有所不同。作為第一類的例子，《還冤志》中有一個故事是這樣的：

晉時庾亮誅陶稱。後咸康五年冬，節會，文武數十人忽然悉起，向階拜揖。庾驚問故。並云陶公來。陶公是稱父侃也。庾亦起迎。陶公扶兩人，悉是舊怨，傳詔左右數十人，皆操伏戈。陶公謂庾曰：「老僕舉君自代。不圖此恩，反戮其孤。故來相問，陶稱何罪。身已得訴於帝矣！」庾不得一言，遂寢疾。六年一月死。[63]

這個故事顯然關於鬼因受冤屈而尋求復仇。由於它鑲嵌在真實的歷史背景中，因此我們或多或少需要在這個背景下才能理解故事的含義。我們從陶侃在《晉書》中的傳記中可以看出，陶侃和庾亮在晉朝做官時發生了一些不愉快的摩擦。[64]陶侃和庾亮都以個人魅力著稱，但陶侃是一個保守的儒家人士，以忠誠和仁慈出名，而庾亮則是一個更時髦的「清談」派的文人，善於傳理說教。[65]陶侃是晉軍營中最重要的頂梁柱，西元三三二年去世，他的職位後來由庾亮接任。陶侃之子陶稱，在庾亮手下擔任中級軍官。據《晉書》記載，庾亮於西元三三九年的一次軍事行動中以行為不當和陰謀叛亂的罪名將他

61　Teiser 1988。
62　王國良一九八四，頁三七—五二。
63　《還冤志》，頁二一。
64　《晉書》，六六：一七七四—一七七五。
65　《晉書》，七三：一九一五。

立即處決。[66]陶稱的罪行，如果真有其事，是否應該被判處死刑，並不是我們關心的問題。我們可以說，陶侃被同代和後世人公認是一個正人君子，而庾亮死後似乎並沒有得到高度評價，因為他是晉明帝皇太后勢力強大卻聲名狼藉的家族的一員。因此，這個故事可能源於在陶稱被處決後不久，受到陶氏族同情者啟發的一種社會情緒，試圖將庾亮的死因歸咎於陶侃的鬼復仇。據《晉書》，庾亮於西元三四〇年去世，距離陶稱被處死僅一年，這也很好地解釋了陶侃的鬼為何出現。[67]換言之，雖然《晉書》有關陶侃和庾亮二人的官方記載中，並沒有明確處理陶稱之死是否合乎正義，但《還冤志》中的私人故事卻提供了自己的判斷，將庾亮的死歸咎於他使陶稱受冤致死，從而導致陶侃的鬼前來尋仇。

據干寶《搜神記》中另一則故事的記載，庾亮因見廁所中有鬼影而死。[68]根據方士戴洋的說法，這個鬼影出現的原因是因為庾亮在當地「白石祠」的祈求得到應允後，沒有兌現他自己的誓言。這個故事在一定程度上印證了《還冤志》的故事，把庾亮描繪成一個不那麼正直實誠的人。此外，干寶是陶侃同時代的人，[69]而《還冤志》的作者顏之推生活在隋朝（西元五八九－六一八年）。因此，《還冤志》的故事可能代表了干寶版本的進一步發展。

庾亮之死的故事說明，在大眾心目中，講故事者和聽者如何集體地支持讓鬼來執行死後的正義。我們甚至有理由懷疑，這是一種針對熟悉這段歷史讀者的政治批評形式。因為如果不瞭解這段歷史的背景，也不瞭解晉朝的政治對抗和操弄，就無法充分理解陶侃鬼報仇的意義。在這裡，正義的意義與政治觀點高度相關。所以，我們可以發現，看似輕鬆的故事，與當時知識分子對宮廷政治的關注有著密切的關係。

另一方面，鬼的報復也可以是對不義行為的直接報應。在一個故事中，一位被縣令冤枉處死的婦女死後回來尋仇：

陶繼之元嘉末為秣陵令，殺劫，其中一人是大樂伎，不為劫，而陶逼殺之。將死曰：「我實不作劫，遂見枉殺。若見鬼，必自訴理。」少時，夜夢伎來云：「昔枉見殺，訴天得理。今故取君。」遂跳入陶口，仍落腹中。須臾復出，乃相謂云：「今直取陶秣陵，亦無所用。更議王丹陽耳！」言訖，遂沒。陶未幾而卒。王丹陽果亡。70

我們不知道陶繼之與王丹陽之間的聯繫，但這個故事的基本訊息很明確：不公義必有報應。這是一個永恆的信念；因此，這些故事中涉及的人物是不是歷史人物並不重要。不過，這個故事或許不能與第二章中所提到彭生和杜伯的故事相提並論，因為從這兩個故事在後世的引用中我們可以看出，彭生和杜伯的鬼之所以能名聲大噪，正是因為他們成為了向不義的統治者報仇雪恨的「英雄」；因此他們的

66　《晉書》，六六：一七八〇—一七八一。
67　《晉書》，七三：一九二三—一九二四。
68　《搜神記》，頁一二〇。
69　《晉書》，八二：二一四九—二一五〇。
70　《述異記》收錄於：魯迅一九八六，頁一八二—一八三。另一更長版本收錄於：《還冤志》。

故事背負著政治色彩，並成為對那些不依公義行事的統治者的警告。[71]

不過，有時人與鬼之間的正義差異變得難以調和，因為各自世界都按照自己的道德體系運作。豫章太守顧邵（西元一八四—二一九年）的故事似乎就是《志怪》中關於「迫害」鬼的官員命運的典型案例：

> 顧邵為豫章，崇學校，禁淫祀，風化大行。歷毀諸廟，至廬山廟，一郡悉諫，不從。夜，忽聞有排大門聲，怪之。忽有一人開合徑前，狀若方相，自說是廬山君。邵獨對之，要進上床。鬼即入坐。邵善左傳，鬼遂與邵談春秋，[72]彌夜不能相屈。邵歎其精辯，謂曰：「傳載晉景公所夢大厲者，古今同有是物也？」鬼笑曰：「今大則有之，厲則不然。」燈火盡，邵不命取，乃隨燒左傳以續之。鬼頻請退，邵輒留之。鬼本欲凌邵，邵神氣湛然，不可得乘。鬼反和遜求復廟，言旨懇至。邵笑而不答。鬼發怒而退。顧謂邵曰：「今夕不能仇君。三年之內，君必衰矣。當因此時相報。」邵曰：「何事匆匆；且復留談論。」鬼乃隱而不見。視門合悉閉如故。如期，邵果篤疾，恆夢見此鬼來擊之，並勸邵復廟。邵曰：「邪豈勝正。」終不聽。後遂卒。[73]

《三國志》[74]和《世說新語》[75]中都有關於顧邵的軼事，他是當時的文人精英之一。我們首先要注意的是，在這個故事中，擁有寺廟的靈或「神」仍然可以被視為是鬼。這是另一個能證實神鬼這兩個詞可以互換的例子，因為神和鬼之間的區別不是它們的本質，而是它們的力量。故事中廬山的靈／鬼／

神以一位博學之人的身分出現，它來訪的目的是請顧重建廬山廟，即廬山神靈自己的「居所」，這雖然很顯然地是一個非常受歡迎的宗教場所，卻被顧邵廢除了。在這裡，這靈或鬼並不暴力，而是行事禮貌且優雅。顧邵自己倒是不動聲色，即便焚燒《左傳》也決心要毫無顧忌地繼續談話。焚燒經典的行為也表明，顧邵得以學習經典，這是社會和知識地位的一個標誌。從故事來看，顧邵和鬼在《春秋》的問題上或許是出於各自的立場不同而爭論不休，雙方似乎都很坦誠。眾所周知，《春秋》在評論人的道德行為方面非常微妙，我們可以想像，他們一定在《春秋》的知識基礎之上對顧邵是否應該廢除寺廟的問題進行了辯論。雙方的衝突於是變成了一場無解的悲劇。對顧邵來說，禁淫祀是儒家士大夫的大義之舉。而對於鬼來說，重建自己的居所也是正當的事。故事的結尾似乎暗示著作者對鬼要求的正義給予了更多的寬容。故事背後隱藏的意圖，如果我們可以進一步假設，似乎反映了想要保留廬山神社的群眾意見，而故事的編寫本來可能是為了讓那些經營祠廟的人發洩不滿，因為正是這些祠廟的主持人，他們的生計因祠廟的廢除而受到重挫。從各種意圖和目的來看，鬼的聲音就是祠廟主持的聲音，以及那些確信鬼有功效的當地人的聲音。這個故事提供了一種世界觀，在其中生者和死者共

---

71 彭生和杜伯的鬼也許是古代中國最著名的鬼魂，它們代表了對那些失德統治者的正義報復。請見第二章。

72 《春秋》和《左傳》是足以顯示學者博學的兩個最重要的書籍。

73 魯迅一九八六，頁四二二—四二三；另一更短而簡潔的版本可見於：魯迅一九八六，頁一一六。

74 《三國志》，卷三七：九五三。

75 余嘉錫一九九三，頁五〇〇。

存並可以互動，儘管他們之間存在鴻溝。

道德

自先秦以來，雖然報仇或伸冤是鬼故事的常見主題，但《志怪》中還有新的主題。通常，故事中會出現複雜的情節需要詳細閱讀。《風俗通義》中的一個故事足以說明，為了揭示故事的全部含義，我們需要以多個面向來理解：

> 汝南汝陽西門亭有鬼魅。賓客宿止多死亡，或亡髮失精。尋問其故，云：「先時頗已有怪物。」其後，郡待奉掾宜祿鄭奇來。去亭六七里，有一端正婦人，乞得寄載。奇初難之，然後上車。入亭，趨至樓下，吏卒檄白：「樓不可上。」云：「我不惡也。」時亦昏冥，遂上樓，與婦人棲宿。未明，發去。亭卒上樓掃除，見死婦。大驚，走白亭長。亭長擊鼓會諸廬吏，其集診之。乃亭西北八里吳氏婦。新亡。以夜臨殯，火滅。火至，失之。家即持去。奇發行數里，腹痛。到南頓利陽亭，加劇物故。樓遂無敢復上。76

之後，隨著故事的繼續，另一個名叫郅伯夷的人來到了西門亭，不顧守衛的警告，最後揭露並殺死了縈繞在亭舍的怨鬼。它實際上是一隻老狐狸。

這個相當複雜的故事在某種程度上挑戰了我們理解作者意圖的嘗試。然而，在我們討論這個故事的意義之前，有幾點需要澄清。首先，根據故事所說，較早之前就已經有一些「怪事」發生，指的是某個不知名的惡鬼在此出沒。鄭奇遇到的這名女人就是被這個惡鬼從她的靈床上奪走然後附身，在故事的最後我們知道這竟然是一隻老狐靈。也就是說，是狐靈而不是死去的婦女在困擾著人們。其次，故事的來龍去脈是女子的屍體從家中消失，然後以活人的樣貌出現在鄭奇面前，看起來應該是被靈附身冒充了，最後在鄭奇離開後橫屍在西門亭樓上。所以鄭奇看到的不是她的鬼，而是她被狐靈附體的身體。鄭離開西門亭的時候，狐靈也離開了女子的身體。第三，鄭奇的突然死亡似乎並不是對他所犯下任何惡行的報應。他將那女子帶上馬車去到西門亭，顯然是出於好意，而且我們不知道他是否真的想占這個獨自旅行的美貌婦人的便宜。鄭奇和她在樓上過夜表明不當舉止可能確實發生了，大概就是性行為。故事中所用的「棲宿」一說即暗示了其中涉及性行為。故事的其他版本使用了「接宿」來代替，[77]如果我們將「接」解釋為「交接」，這似乎就在暗示性交。不過，「接宿」一詞在更早的文學作品中並沒有出現，而「棲宿」是一個很常見的表達方式。在任何情況下，人們都可以將「棲宿」（意為「一起睡覺」）解釋為「發生性關係」。正如我們所知，色情元素經常出現在許多其他涉及女鬼的故事中。但我們應該注意的是，在這個故事中性方面的言外之音只是暗示，而不是事實陳述。因為按

76《風俗通義校注》，頁四二五。
77《風俗通義校注》，頁二四七，第一五條。

照第三人稱的敘述，誰也不知道那天晚上樓上發生了什麼事。第四，西門亭在鄭奇到訪後還繼續鬧鬼，遊客經常死亡或苦於「亡髮失精」。這暗示了某種與女鬼的情色邂逅，因為對脫髮和陽痿的描述符合一個男人因肆意性交導致筋疲力盡的症狀。

故事作者在這裡的意圖是什麼，或者，這個故事的道德寓意是什麼？我認為，除了其他解釋方式，這個故事表現出對夜間遇到獨自旅行女性陌生人的某種恐懼感。即使任何人帶有善良的心態，但如果要在晚上與一個獨自旅行的女人接觸，也不能保證會有任何好的結果。一個看起來體面的女人可能會變成鬼或是一副行屍走肉。這當然也意味著，男人，即使是出於好意，也不應該試圖和一個陌生女性單獨過夜。這個故事還暗示會有性欲躁進的惡鬼／狐靈來引誘無法堅守道德的男人。將鄭奇的死歸咎於他自己的行為似乎有些不公平，因為他在某種意義上是被狐靈設計陷害的。故事指出落單的女人和夜間的旅行這兩個元素產生了一種大眾想像中的危險聯繫。故事以殺死狐靈而告終，從而給人以人最終能戰勝鬼怪的感覺。然而，類似的鬼故事被一而再、再而三的不斷講述，這表明相信鬼怪存在的信仰，在社會和文學表達中都具有一定程度的重要作用。

最後，故事中的狐靈從未被稱為鬼，這表明故事的主要吸引力不在於是否有鬼涉及其中，而在於情節本身的錯綜複雜。如前所述，《志怪》類型的故事集不會重人鬼而輕非人的精怪，只要故事足夠奇怪，就值得記錄下來。

下面的例子顯示，鬼魂有能力干預一個人的命運，這種情節就有可能呈現出徇私腐敗的社會現實。作者是否旨在批評這種邪靈干預，又或是意圖宣導正直的道德操守，只全憑每個讀者自己的良心。

□城張闓以建武二年從野還宅，見一人臥道側。問之，云：「足病不能復去。家在南楚，無所告訴。」闓憫之。有後車載物，棄以載之。既達家，此人了無感色，且語闓曰：「向實不病，聊相試耳！」闓大怒，曰：「君是何人，而敢弄我也？」答曰：「我是鬼耳！承北台使，來相收錄。見君長者，不忍相取，故佯為病臥道側。向乃捐物見載，誠銜此意。然被命而來，不自由，奈何！」闓驚請留鬼，以豚酒祀之。鬼相為酹享，於是流涕固請，求救。鬼曰：「有與君同名字者否？」闓曰：「有僑人黃闓。」鬼曰：「君可詣之，我當自往。」闓到家，主人出見，鬼以赤摽摽其頭，因回手以小鈹刺其心。主人覺，鬼便出。謂闓曰：「君有貴相，某為惜之，故虧法以相濟。然神道幽密，不可宣洩。」闓後去，主人暴心痛，夜半便死。闓年六十，位至光祿大夫。[78]

這個故事的用意相當模稜兩可。一方面，作者似乎在暗示，一個性格正直、心地善良的人可以得到庇護，擁有好運氣，還能活到老。張闓果然在晉朝被贊為忠臣，活到六十四歲。[79]另一方面，這個故事也表明，無論是人世間還是陰間政府的律令，都經常被本應執行命令的官員違反，像黃闓這樣的無辜者反而受到傷害，得不到任何正義支持。更甚者，張闓讓鬼奪走其他人的命來換自己一命，更讓人對他的道德產生嚴重懷疑。在類似的故事中，一個名叫費慶伯的人賄賂了前來召喚他的陰間使者，

78　魯迅一九八六，頁一五五—一五六。文中第一字於原文中已遺失。
79　《晉書》，七六：二〇一八—二〇一九。

因而得到釋放。然而因為他沒有保守秘密，最終死於突發疾病，這大概是鬼之所為：

宋費慶伯者，孝建中仕為州治中。假歸至家，忽見三騶皆赤幘同來云：「官喚。」慶伯云：「才謁歸，那得見召？且汝常黑幘，今何得皆赤幘也？」騶答云：「非此間官也。」慶伯方知非生人，遂叩頭祈三騶同詞。因許回換，言：「卻後四日當更詣君，可辦少酒食見待。慎勿泄也。」如期果至，云：「已得為力矣。」慶伯欣喜拜謝。躬設酒食。見鬼飲啖不異生人。臨去曰：「哀君故爾，乞秘隱也。」慶伯妻性猜妒，謂伯云：「此必妖魅所罔也。」慶伯不得已，因具告其狀。俄見向三騶，楚撻流血，怒而立於前。曰：「君何相誤也？」言訖失所在。慶伯遂得暴疾，未旦而卒。80

這個故事清楚地表明，人應該信守諾言，即使是對鬼也是如此。然而，如果我們排除了鬼的因素，這個故事也生動地，也許是不經意地，反映了社會現實。也就是說，即使是在陰間的官僚體系中，腐敗不足為奇，也是意料之中的。但最終，不僅費慶伯違背諾言而得到正義的報應，那些沒有完成原定任務的鬼也遭到了正義的懲罰，因為它們為了換得酒食而違背召喚死者的任務。也許這是一個小罪行，因為它們沒有奪走另一個無辜者的生命。但是這樣的敲詐行為，在生者的日常生活中應該是也是司空見慣，所以在敘述中才表現得如此自然而有說服力。這基本上是一套宣導道德和正義的說辭，以鬼故事形式被表現出來。這種鬼敘述所達到的效果可能是多種多樣的。一方面，鬼的元素給讀者帶來懾人心魄的心理刺激；另一方面，幽冥報應來得極快，也滿足了讀者急於見到正義得以伸張的心態。因此，這個敘事融合了常見的事態與非凡的情節，而看似異常的，實際上是對普通人狀況的重新塑造。

詼諧與懷疑

鬼故事有時可以很詼諧地描述一些鬼的幼稚行為，阮德如的故事就是這樣的一個例子：

德如嘗於廁見一鬼，長丈餘，色黑而眼大，著白單衣，平上幘，去之咫尺。德如心安氣定，徐笑而謂之曰：「人言鬼可憎，果然如是。」鬼赧而退。[81]

阮德如是嵇康的朋友，嵇康是前面提到的故事的主角。[82]他的非正統行為在經常參加「清談」活動的文人中非常典型；[83]因此，這則軼事很像《世說新語》中頌揚文人機智敏捷的軼事風格。這個故事中

80 魯迅一九八六，頁一八三—一八四。

81 魯迅一九八六，頁一一五。

82 眾所周知，阮德如寫了兩篇名文與嵇康辯論，駁斥風水中有關房屋說法的可靠性。請見：《嵇康集》，卷八—九。嵇康贈與阮德如的一首詩被收錄於：逯欽立一九八三，頁四八七。

83 魯迅一九八六，頁一一五。

的鬼是一個配角，有助於襯托出阮德如機妙慧黠的優雅風格。[84]

其他一些故事則可能對鬼的存在持懷疑態度，同時對虛偽和奸詐的活人世界投以嘲諷的看法。在前面簡要提到的宗定伯的故事中，我們看到一個有趣的案例，鬼被描繪成無辜甚至相當愚蠢：

南陽宗定伯年少時，夜行逢鬼。問曰：「誰？」鬼曰：「鬼也。」鬼曰：「卿復誰？」定伯欺之，言：「我亦鬼也。」鬼問：「欲至何所？」答曰：「欲至宛市。」鬼言：「我亦欲至宛市。」共行數里。鬼言：「步行大亟。可共迭相擔也。」定伯曰：「大善。」鬼便先擔定伯數里。鬼言：「卿大重！將非鬼也？」定伯言：「我新死，故重耳。」定伯因復擔鬼，鬼略無重。如其再三。定伯復言：「我新死，不知鬼悉何所畏忌？」鬼曰：「唯不喜人唾。」於是共道遇水。定伯因命鬼先渡，聽之了無聲。定伯自渡，漕漼作聲。鬼復言：「何以作聲？」定伯曰：「新死不習渡水耳。勿怪！」行欲至宛市，定伯便擔鬼至頭上，急持之。鬼大呼，聲咋咋，索下不復聽之。徑至宛市中，著地化為一羊。便賣之。恐其便化，乃唾之。得錢千五百，乃去。於時言：「定伯賣鬼，得錢千五百。」[85]

我們可以從多個角度解讀這個故事。但最重要的是，它很有娛樂性。然而，這種娛樂效果不僅靠的是聰明的騙子宗定伯，還有天真、幼稚甚至愚蠢的鬼。通過將鬼描繪成一個無辜的靈魂，這個故事以憤世嫉俗的幽默描繪了奸詐的人間世。[86] 事實上在許多《志怪》故事中，當正義和道德無論是在陽間還是陰間受到損害時，都可以在字裡行間找到諷刺和懷疑。不信鬼的故事往往帶有諷刺或懷疑的意味，正如這個經常被引用的關於宗岱的故事所示：

宗岱為青州刺史，禁淫祀，著無鬼論甚精，莫能屈。後有一書生葛巾修刺詣岱。與談論，次及無鬼論，書生乃振衣而去，曰：「君絕我輩血食二十餘年，君有青牛髯奴，所以未得相困耳。奴已叛，牛已死，今日得相制矣。」言絕而失。明日而岱亡。[87]

從表面上看，這個故事最重要的訊息也許是以幽默的方式表明鬼的存在是一個不可否認的事實，即便人類的理性有時無法接受。然而，這個故事還揭示了一些難以解釋的微妙訊息。首先是宗岱之死。他廢除淫祀顯然是一個負責任的儒家士大夫的行為，這在歷史上經常被記錄下來，[88]而宗岱的死是出於被停掉祭祀的鬼報復的結果。就儒家倫理而言，宗岱的死並不符合正義。而對於一個信鬼的人來說，

84　這大概就是個阮德如家姊嫁給一個膚淺、張揚人物的故事。請見：魯迅一九八六，頁四九。
85　魯迅一九八六，頁一四一—一四二。
86　更多的例子請見：Poo 1997。
87　魯迅一九八六，頁二八。
88　討論請見：Poo 1998，第六章。

宗岱死得應該，因為他讓鬼的生活變得艱難。據《晉書》記載，宗岱曾任荊州刺史、[89]襄陽太守，[90]著述不計其數，但其《無鬼論》未收入於《晉書》。[91]他不信鬼的名聲獲得證實，泰半是因為在劉勰（西元四六五—五二〇年）著名的文學批評著作《文心雕龍》中，他與郭象以相同方式被述及。[92]在官方史學的敘事傳統中，他作為成功士大夫的這個形象，似乎不應該死的毫無理由；因此，我們可以推測，這個軼事是對宗岱個人執政風格的非官方看法：他可能過於自以為是或過於魯莽地廢除地方宗教儀式，而沒有對當地人民之於這些儀式的感情和情感依戀加以同情。如此一來，這個故事可以理解為對自以為是的士大夫以冠冕堂皇的道德原則來剝奪民間生計的諷刺批評。於是，鬼代表著受苦受難的人們，前來尋仇。這個故事與上面提到的顧邵的故事相似，因為兩者都涉及了廢除地方信仰崇拜。這些崇拜儀式在儒家官員眼中被認為不正當，但在普通民眾的角度來看卻不一定如此。這也讓我們聯想到，所謂中國是一個「儒教」國家，其實只是片面的看法。

有時，對鬼是否存在的懷疑會被實際經驗所推翻，但這並不一定意味著鬼會得到人的尊重，就如下面的故事所示：

> 劉道錫與從弟康祖少不信有鬼。從兄興伯少來見鬼，但辭論不能相屈。嘗於京口長廣橋宅東，云有殺鬼在東籬上。道錫便笑問其處，牽興伯俱去捉大刀欲斫之。興伯在後喚云：「鬼擊汝！」道錫未及鬼處，便聞如有大仗聲，道錫因倒地。經宿乃醒，一月日都差。興伯復云：「廳事東頭桑樹上有鬼。形尚孺，長必害人。」康祖不信，問在樹高下，指處分明。經十餘日，是月晦夕，

道錫逃□中，以戟刺鬼所住。便還，人無知者。明日，與伯早來，忽驚曰：「此鬼昨夜那得人刺之？殆死都不能復動。死亦當不久。」康大笑。93

在這裡，鬼似乎只是一種可以被輕易殺死的小動物。起初不相信鬼存在的道錫和康祖，在道錫被鬼擊中後，似乎已經信服了。但這並不意味著他們害怕鬼。相反，他們計畫並最終殺死了一個鬼。這個故事表現出對鬼是否存在的某種懷疑論調。在這裡，鬼原來是一種物怪。然而，對於故事中的人來說，該鬼是不是人鬼似乎並沒有什麼區別。

鬼做為宗教信仰的傳播媒介

最後但相當重要的一點是，眾所周知，許多《志怪》故事都表現出佛教和道教的影響，因為佛教

89 《晉書》，四三：一二四一。
90 《晉書》，六〇：一六三四。
91 《晉書》，三五：一〇八七。
92 Shih 1983，頁二〇三。
93 魯迅一九八六，頁三〇〇。

和道教的法師試圖利用這些故事來展示他們控制鬼的能力，以強化他們的權威。[94]例如有一個故事，涉及一個名叫周子長的人，他是一位能背誦佛經的佛門弟子。一天晚上，他從朋友家回來，被鬼抓住了。他告訴鬼他精通佛學，於是鬼就讓他背誦佛經。他背誦了幾部經，然後斥罵了鬼，鬼就將他放開了。還沒到家，他又被鬼攔住。這一次他抓住鬼的胸口罵它，說要把它拖到寺廟裡在僧侶面前和它好好算上一賬。鬼也抓住了他的胸膛，他們在路上互相拉扯起來，後來鬼終於放棄，放開了他。[95]這個故事是晉代時期中國早期佛教活動歷史上的一個時刻節點，說明鬼是佛教需要征服的中國精神領域的一部分。這個故事的情節顯然是受佛教宣傳的激發，昭告該宗教有控制鬼的能力。然而，這位佛教信徒並沒有在這個故事中獲得完全的勝利。周子長雖然終於擺脫了鬼的騷擾，但與鬼的糾纏卻也使他筋疲力盡，而且故事以鬼的諷刺嘲笑結束：「汝近城東看道人面，何以敗？（你已經會見過城東的僧人，為何還沒能擺脫我呢？）」講故事者的意圖，如果我們嘗試理解的話，大概不是想要全心全意地擁護佛教。我們能感受到周子長身為佛門弟子的一股自豪之情，但是這種自豪在他與鬼的正面交鋒中似乎多了幾分傲慢之氣。講故事者的立場有些曖昧，一方面是他對佛經力量的描述看似支持佛教，但另一方面是他又不願意完全貶低鬼，這也許表明了當時思想和宗教情感的狀態仍然不明朗。

還有其他類型的傳教著作，如以下故事所示：

> 有新死鬼，形疲瘦頓。忽見生時友人，死及二十年，肥健。相問訊，曰：「卿那爾？」曰：「吾飢餓殆不自任，卿知諸方便，故當以法見教。」友鬼云：「此甚易耳，但為人作怪，人必大怖，

當與卿食。」新鬼往入大墟東頭，有一家奉佛精進，屋西廂有磨。鬼就捱此磨，如人推法。此家主語子弟曰：「佛憐我家貧，令鬼推磨。」乃輦麥與之，至夕磨數斛，疲頓乃去。遂罵友鬼：「卿那誑我？」又曰：「但復去，自當得也。」復從墟西頭入一家，家奉道，門傍有碓。此鬼便上碓如人舂狀。此人言：「昨日鬼助某甲，今復來助吾，可輦□與之。」又給婢簸篩。至夕力疲甚，不與鬼食。鬼暮歸大怒曰：「吾自與卿為婚祦非他比，如何見欺？二日助人，不得一甌飲食。」友鬼曰：「卿自不偶耳！此二家奉佛事道，情自難動。今去可覓百姓家作怪，則無不得。」鬼復去，得一家，門首有竹竿。從門入，見有一群女子，窗前共食。至庭中，有一白狗，便抱令空中行。其家見之大驚，言自來未有此怪。占云：「有客索食，可殺狗並甘果酒飯於庭中祀之，可得無他。」其家如師言，鬼果大得食。此後恆作怪，友鬼之教也。[96]

從表面上看來，這個故事似乎又是一篇宣揚佛道教力量的文章，聲稱佛道的追隨者不怕鬼的糾纏。然而，故事還繼續為鬼提供了另一個選擇；也就是，有些人既不信佛也不通道，而傾向於臣服於鬼及其力量。如果確實如此，這個故事或許不應該被簡單地解讀為宣教文類，而應該是一個反映了傳

94 請見：Campany 1995，頁三二一起。
95 魯迅一九八六，頁一九九。
96 魯迅一九八六，頁三一六—三一七。

統宗教信仰在佛教和道教衝擊下如何生存的故事。人們還能感受到故事中對信奉佛教和道教的虛偽家庭的諷刺批評，因為他們無情地利用了無辜的鬼來獲得免費勞動。在尋求公道正義這方面，鬼確實受到了信奉佛道家庭的虐待，但通過騷擾信鬼的人而得到了補償。就這點而言，它的詭計雖然可以理解，但既不光彩也不正當。最終在評價故事的寓意時，會讓讀者有些摸不著頭腦。我們應該敬佩這幾家信奉佛道的家庭，還是鄙視他們？我們應該同情這個鬼還是為它感到幸運？我們應該為不得不供養鬼的貧困家庭感到難過，還是應該嘲笑他們的迷信？除非我們認為他們所恐懼的事情是錯誤的，否則我們不能說他們的不幸是咎由自取。人們可能仍將這個故事解讀為傳教性的故事，但那傳的又是什麼教呢？講故事者的意圖是什麼？一個簡單的答案是我們應該期待的嗎？故事以鬼愉快地接受了擔心受怕的家庭的供養而告終。如果結局暗示了故事的寓意，我們可以把它看作是本土鬼概念在佛教和道教傳教的幌子下的傳播。更甚者，這樣的解讀可以解決為什麼佛教和道教在同一個故事中被同等推崇，卻又在某種程度上被同等貶低的難題。此外，對這個故事的更令人莞爾的一種解讀，是講故事者對所有三種信仰體系都進行了微妙批評：表面上承認佛教和道教的力量，實際上是對兩種信仰的諷刺，因為它們無法真正改造這些信徒的心。至於信鬼的那家人，他們是因為「錯誤的」信仰才陷入了困境。

四、志怪故事的宗教意涵

我們現在已經很清楚，我們討論的鬼故事不僅反映了陽間世界的方方面面，也企圖去描繪世界應該是怎樣的。它們通常可以被視為現實的反映；然而，有時它們是對理想世界的預言。

曾有人認為，「從現存的例子來看，我們可以有把握地概括說《志怪》不在於說理，而是對事件以簡單、順暢的敘事方式進行記錄。」[97]我不反對《志怪》通常以簡單、順暢的敘事風格寫成的這樣說法。此外，個別故事也沒有說理的累贅。但這並不意味著這些故事是在沒有潛在話語參照的前提下被寫下來或收集的。基於以上觀察，我認為六朝的《志怪》集體呈現了一種關於收集、寫作、報導、樂於閱讀和聆聽這些故事的人們所經歷的時代和世界的某種情感的話語體系。

在一些鬼故事中，似乎有一種將鬼描繪得比人更為單純的傾向，儘管它們的真誠和正義感是生人無法抗拒和玷污的。因此，雖然我們聽說鬼有時會被一些狡猾的人加以利用，但最終那些虐待鬼的人終將得到正義制裁。此外，鬼的正義可能無法完全用人類的語言來理解，因為有時它們會毫無理由地對人施加力量並奪走他們的生命。或許我們對此不必感到驚訝，因為人世間已有很多無謂的殺戮。另一方面，我們也聽說鬼的世界和人的世界很相似，其中各種惡行，比如賄賂、詐欺或嫉妒，在陰間都是普遍的現象。[98]於是，《志怪》中的鬼形象，從前漢、漢初平淡無奇而又惡意滿滿的存在，發展到六朝時期成為色彩斑斕、人性化的模樣。

---

97 DeWoskin 1977，頁三九。

98 Yu, Anthony C. 1987，頁四一三：「在這些故事中，賄賂、非法禮物和報酬，與笨拙執法者和貪污法官一樣普遍，因此，這些故事與任何其他類型的中國小說一樣，都反映了其背景的基本現實。」

從六朝時期其他文獻的故事中我們可以看出，鬼神存在的信仰，如同我們的推測，在社會上是普遍存在的。[99]因此，《志怪》文學體裁中的鬼故事應當放在這種心理環境的脈絡下。將《志怪》與其他文獻中的鬼故事進行比較，例如《晉書》中的高悝故事，似乎後者的鬼本身並不像在《志怪》裡的常態一般成為故事的重點。[100]這是可以理解的，因為《晉書》是一部歷史著作，這裡自然關注的是人而不是鬼。

我們應該特別注意到葛洪所著《神仙傳》中的鬼。此書中的鬼多半令人困擾：它們總是惹是生非，給人帶來痛苦，以致受神仙的驅逐。《神仙傳》和《志怪》中鬼的區別在於，《志怪》的作者們，無論是不是真正鬼的信徒，都明確或含蓄地宣揚了一個與人類世界並非完全不能相容的鬼世界，而《神仙傳》的作者是仙人神力和道教信仰功效的擁護者。鬼的世界因此變得難以接受或不重要。《高僧傳》中也有類似的例子，據說一些有神通的高僧可以驅鬼。這些鬼無一例外都是只需要被驅除的可憎東西。[101]在接下來的章節中，我們會再回到道教和佛教如何處理鬼的議題上。

通過以上比較，可以知道，《志怪》應該是這一時期鬼文學形象成長和形成的最重要的領域，且對以後宗教信仰的發展產生了重要影響。當人們相信有鬼存在，並且鬼可以自由地進入活人的世界時，在邏輯上這導致了生人和死者之間可以交流的假設，因為這兩個世界有所重疊。因此，有活人訪問陰間的故事，也有鬼造訪陽間的故事。[102]這種世界觀的後果就是很難產生出超越的觀念，即便對仙界也是如此。儘管有些學者將仙人一詞稱為「超越者（transcendent）」，[103]但很明顯，整個仙人信仰的現像是在一種緊緊跟隨著世俗世界的概念框架之中而運作的。

有證據表明，早在商代人們就用各種方法來驅鬼、避鬼。這樣的行為體現出的觀念是，與神靈相比，人只有在對抗惡靈或影響宇宙的能力上有所不足。但是，正如我們在前幾章中所見，人可以選擇使用任何一種力量，無論是神聖的還是法術的，來壓制、克服或避開鬼與靈的侵害。

接下來，關於鬼與精靈的本質的一個有趣的方面很值得我們討論。那就是鬼或靈可以被「殺死」的這個想法。這個想法首先出現在先秦時期的文獻中，[104]後來也出現在《志怪》故事中。[105]如果說巫術的基本原理是可以有效控制或威脅鬼與靈，那麼「殺鬼與靈」的想法可以看作是基於這個原理的一種心理狀態。這種想法似乎暗示著鬼與靈的力量是有限的。它們受其存在和形態的限制，它們的壽命也有始有終。它們的力量或許比常人強，但人類仍然可以通過法術和儀式來控制它們。這也就是說，世上還存在著人可以用來對付鬼與靈的其他力量。鬼與靈是「會死的」的這種觀念表明，雖然人們想

99 諸多例子請見《藝術傳》，收錄於：《晉書》，九五：二四六七—二五〇五。

100 《晉書》，九五：二四八四。

101 Poo 1995；Kieschnick 1997，頁八四—八七。同樣的情況也出現在受佛教影響的志怪中，儘管即使在這些故事裡，鬼魂也被描繪成與其他志怪脈絡中的相似。請見：小南一郎一九八二。

102 Campany 1990。

103 例子請見：Russell 1994。

104 請見：Poo 1998，第四、九章。

105 魯迅一九八六，頁三〇〇。

像鬼與靈存在於一種純粹的靈性狀態，可以打破大自然強加於人類的一切物質和生理的束縛，但人們不得不根據自己的存在狀態，來想像鬼與靈的世界：人是會死的，所以鬼與靈也是可以被殺死的。睡虎地《日書》中的驅鬼術和《志怪》中描述的各種驅鬼方法表明，人們相信鬼與靈會對人的行為作出反應。因此，「神靈」可以進入人間，反之亦然。

還值得注意的是，在民間信仰領域裡，古代中國人對死後命運的思考較多，包括對鬼的思考，但對生命起源問題的思考則相對較少。這也表明了一種以世俗現世為導向的生命態度，因為對於那些仍然活著的人來說，死亡和來世是比生命起源更重要的問題，畢竟無論如何，活著的人們的生命已經存在。

總之，鬼故事構成了一種有效的文學手段，可以傳播有關社會正義和道德的某些思想和情感。鬼的力量強大、喜怒無常，集惡意、正義、仁慈、頑皮等特徵於一身，有時富有同情心，有時卻是有求於人，但總是能夠橋接此世與彼世。它們在讀者心理世界中所創造出想像的或臨界的空間裡，表現得非常精彩多變。這是一個參照了現實世界中所有惡習和美德的世界。同時，鬼的概念讓講故事者能夠構建出其他方式都達不到的故事情節，而且故事的結果往往令人驚訝，這可能就是鬼故事之所以吸引讀者的地方。就本章的討論而言，這些故事的意圖之一可能是創造一個可以批評社會正義和道德的場所——而這種批評並非獨《志怪》故事所有。我們還看到，由於鬼的介入，故事可能會發展出令人意想不到的情節，這些情節可能非常幽默，也可能發人深省，但通常帶都有諷刺的視角。重要的是我們要認識到，正是因為我們可以從鬼故事中推衍出五花八門的各種閱讀方式，所以我們應該徹底探討它們，來揭示培育出《志怪》文學類型的這個世界，即便我們最終仍無法窺其全貌。

由精英撰寫和收集的鬼故事，以鬼與靈在社會中流傳的概念為基礎，能表達甚至重塑了鬼的形象。這種經過改造的鬼的形象，隨後通過閱讀和複述重新向大眾傳播開來，不限於文學精英，也在老百姓中傳播。通過這個過程，於是形成了一種鬼文化。隨著這種鬼文化的出現，一個生人與死者可以相互交流的世界出現了。陽間所欠缺的誠實、正義、不加掩飾的愛，可以在《志怪》所描繪的鬼世界中找到。從某種意義上說，這個構建出來的世界也可以被理解為一種避難所，就像「清談」的世界一樣。在那裡，陷入困境的文人墨客得以找到庇護。

我們應該記住，鬼故事只是《志怪》的一部分。我沒有處理所有的「怪」故事，即那些涉及異類或非人靈體的故事，以及一些怪談。一般來說，這些物怪或精靈，或多或少具有擬人的型象；因此，有時很難將它們與「人鬼」區分開來。總的來說，這些故事代表了一種能對奇幻存在加以辨識的心態，即世界是由人類、靈和鬼組成的。當我們考慮讀者與文本之間的相互作用關係時，借用托多羅夫（Todorov）的話，奇幻元素意味著「將讀者融入人物的世界之中；那個世界是由讀者自己對所敘述事件模糊不清的看法來定義的。」[106]讀者在自然與超自然之間的彷徨游移和興趣，對探索陽間與陰界之間灰色地帶的好奇心，也許是推動這些故事得以流傳的主要力量之一。

值得強調的是，在所有這些奇幻故事的背後，都有一種對驚險刺激事物的共同心理需求，因此這

106 Todorov 1975，頁三一。

種需求是娛樂性的。人類作為一個物種，不僅對未知事物有一種恐懼感——有人認為這導致了能幫助人們趨吉避凶的宗教信仰的興起——而且還有尋求令人感到刺激、非凡體驗的需求。這種經驗有時可以在宗教活動中獲得。講述、創造和分享鬼故事或其他奇幻故事，正如我們在六朝《志怪》中所見，除了提供娛樂之外，還可以部分理解為是對怪異情調的渴望的產物，而這種怪異情調與當時的宗教心態緊緊相關聯。這裡費爾頓（Felton）的話可能可以說明一些問題，而他是如此書寫關於希臘羅馬世界的鬼：

> 在許多方面〔超自然和幽默〕……是異卵雙胞胎。兩者都是為了娛樂，都依賴於誇張、扭曲或一些不尋常或被放大的情境。……在最嚇人的恐怖故事中可能會出現一條喜劇線索，而大量關於超自然現象的笑話、軼事和民間惡作劇的存在，證實了幽默和超自然民間故事有著共同的根源。107

娓娓道來，鬼故事不僅緩解了讀者追求娛樂的心理需要，提供了人們對人性進行嘲諷的機會，也讓讀者接觸到了一些滲透整個社會而又根深柢固的宗教信仰。這種對鬼與靈的心理需要和信仰，在六朝之前肯定已經存在。然而，六朝時期的社會發展、政治變遷、文學和宗教活動的共同作用，最終導致了《志怪》文學類型的爆發，給了作家和讀者一個前所未有的機會來探索和利用鬼的力量。《志怪》中描繪的鬼文學形象從此被刻在每一個人的心智圖景之中，無論是否相信鬼的存在。此後，無論我們談論敘事表達的可能性、宗教意義，還是更模糊的民族心理，中國都不同以往了。除了這個變化之外，道教信仰的興起和佛教傳入中國也隨之而來。佛教和道教將如何處理中國宗教土壤裡已有的元素，它們的策略是什麼，他們又是如何成功地安置了六朝時期《志怪》中所闡述的鬼？我們將在接下來的章節中探討這些問題。

107 Felton 1999，頁三—四。

第五章

早期道教文化中的鬼

道言：汝等後世之人，不奉大道。況世俗俗師，打鼓祀神，殺豬犬雞，豘三牲草水之上。召喚百鬼，祠祀野神。此為亂邪。[1]

本章討論早期道家文學中對鬼的處理，包括鬼的來源、鬼的形象和功能、驅鬼儀式以及它們與人的關係。然而，為了將有關鬼的討論置於適當的社會宗教脈絡下，我們必須先對道教做簡短的介紹。道教是漢代末年出現的一種信仰體系，它匯集了中國文化各個歷史發展階段的諸多元素，如對符籙功效的信仰以及用來治療疾病和驅鬼降靈的法術。無論是平民還是社會階層的高處，這些元素大多都與人們的日常生活考慮有關。與早期道教形成有關的另一條信仰的脈絡是長生不老、成仙得道的思想，它從戰國後期以降形成和傳播，並為秦始皇、漢武帝等統治者所追求，並繼續啟發了六朝文人圈裡的許多人。道教在這一時期的發展，逐漸將這兩條線收納成一個或多或少自成一體的信仰體系，它提倡一種宇宙觀，將世界的創造看作是由於道——天帝——的作為而形成的。它也提倡一種支持信眾追求長生不老、幫助百姓避禍得福、引領世人達到太平境界的價值體系。簡單概括這個價值體系，它包括：（一）接續儒家已經創建起來的道德價值，即透過五倫綱常建立起來的階級社會倫理——君臣、父子、夫婦、兄弟和朋友；（二）各種修身、健體和冥想的方法和技術；以及（三）以儀式、咒、符、藥來治病和驅惡鬼除凶靈。鑑於此背景的了解，我們需要注意的是，在人們日常生活中，與鬼怪打交

1　《太上洞淵神咒經》，收錄於《道藏》六：三〇。

道的能力，一直是道教使命中必不可少的一部分，這從導致漢朝滅亡的混亂時期在四川出現「天師道」之時起，一直到如今，皆是如此。[2]「天師之道」最突出的特色，就是運用符咒來祛疾病、驅凶鬼逐惡靈。上個世紀的考古發現提供了豐富的資料，並表明這種驅鬼活動，尤其是與喪葬儀式有關的驅鬼活動，在整個漢帝國的全社會都普遍存在，這使我們理解到，我們從諸如《三國志》或《後漢書》等歷史資料所知道的天師道，其起源可能還要更早得多，也許可以追溯到西元一世紀。還需要強調的是天師道，也就是後來的道教，不是由一人在一地所「建立」的，在它的早期歷史上可能也沒有人會這樣認為，而最好的解釋或許可以說是一種結合了人們日常生活中的各種信仰，然後長期發展起來的集體宗教活動。隨著道教的發展，它演化出以世俗政府為模式的一套階級組織，其道德教義強調，循規蹈矩是得到救治的先決條件。[3]

我們需要注意的是，以下討論的許多收集在《道藏》裡的道教文本，是由不同作者在不同時期撰寫或收錄，並且是為各種智識水準和不同社會文化背景的受眾所製作的。[4]各種文本的作者具有各自的文學水準；因此，文本的訊息可能不一定完全連貫。在不同的地方、不同的時間、針對不同的目的和受眾，可能會給出不同的重點。重要的是我們要盡可能記住這些不同的可能性，而不是堅持試圖為所有文本找到一個連貫統一的解釋。

一、道教信仰中鬼的起源

雖然人們普遍認為鬼是死者變成的，但我們對早期中國文獻的調查卻揭示出有很多方式都可以生產出鬼或邪靈。我們在生者與死者的關係脈絡中看到了人鬼，因此對鬼的性質的描述，在很大程度上反映出了人在面對鬼時，應該採取的正確行動的集體認識。因為鬼曾經是人，所以若是人與鬼之間關係中的道德運作方式與人間的道德相近，也很合乎邏輯。但當查看歷史文獻，我們應該清楚，在日常生活中困擾著普通人的不僅是人鬼，還有各種非人的精怪。這些非人精怪被認為會根據人類所能理解的想像方式，來與人類進行各種互動，因此它們的行徑通常類似於人鬼。這就是為什麼睡虎地《日書》中提到的人鬼和非人靈體沒有在分類上有所區別。對於《日書》的使用者來說，重要的不是鬼或物怪的來歷，而是如何有效地對付它們。東漢末年當《志怪》這種文學品類發展起來，對人鬼故事和非人鬼故事都有加以記載。這與鬼一詞的原意相吻合，它可以指稱人類和非人類來源的靈體。因此，考慮到道教文本中的例子，我們應該允許對「鬼」一詞進行更廣泛的定義，並將所有非人精怪作為鬼

2 關於道教的一般性介紹，請見：Schipper 1993；Robinet 1997；Lagerwey 2010，頁五七起。至於道教的早期歷史，請見：Kleeman 2016。

3 關於這段相當複雜的道教早期歷史的傑出研究成果，請見：張勳燎和白彬二〇〇六。

4 相關介紹請見：Schipper and Verellen 2004。

文化的一部分，並包括在我們的討論中。因此，如上文第一章中提到的魅、物或怪[5]這些經常出現在六朝時期的文學和宗教文本中的詞彙，只要它們與人互動或對人造成了威脅，我們也一併需要對它們加以考慮。

例如，我們可以看看早期的道教文本，葛洪（約西元二八三—三四三年）的《抱朴子》。作為早期最傑出的道家信徒之一，葛洪對鬼與靈的描述應該具有一定的分量，因為它代表了當時普遍存在的共識，正如王充在《論衡》中對鬼概念下的判斷可以代表當時流行的觀念。在《抱朴子．登涉》一章中，葛洪對人們進入山區或危險地帶時可能會遇到的惡靈的來源給出了萬物有靈的解釋：

> 又萬物之老者，其精悉能假託人形，以眩惑人目而常試人。唯不能于鏡中易其真形耳。是以古之入山道士，皆以明鏡徑九寸已上，懸於背後，則老魅不敢近人。[6]

葛洪所說的所謂「老魅」，包括鹿、狗、蛇、猴、虎、狐等各種動物，甚至是不能動的樹木等等。於是關於鬼與靈來源的這種說法與六朝《志怪》中的發現相吻合。事實上，這個說法還可以追溯到六百年前寫成的睡虎地《日書》，因為其中也發現了類似的惡鬼。可以肯定的一點是，葛洪對鬼與靈的描述不是他自己的想像或發明，而是深深植根於當時大眾心理中普遍信仰的一部分（見第二章）。我們也能感受到這些描述背後若隱若現的強烈焦慮，一種源於普通人日常生活，對於人類活動空間與靈異未知空間二者之間界限劃分的焦慮。葛洪的文字似乎在表明這一界線可以如此劃定：一方是無人的荒山野嶺，而另一方是有人的農田阡陌。當然，還有很多其他的證據可以表明，鬼與靈並不會將自己的活動限制在山林中，這正是為什麼所有人與鬼互動的故事會出現的原因。

與葛洪不同，《太平經》——東漢末年之前寫成的最早道教文本之一，因此早於葛洪[7]——根據陰陽調和的學說而解釋鬼的來源：

生人，陽也。死人，陰也。事陰不得過陽。陽，君也。陰，臣也。事臣不得過君。事陰反過陽，則致逆氣；……其害使陰氣勝陽，下欺其上，鬼神邪物大興，共乘人道，多晝行不避人也。今使疾病不得絕，列鬼行不止也。……又生人，乃陽也。鬼神，迺陰也。生人屬晝，死人屬夜。……陽興則勝其陰，陰伏不敢妄見，則鬼神藏矣。陰興則勝其陽，陽伏，故鬼神得晝見也。……故陰勝則鬼物共為害甚深。[8]

陰陽思想當然是早期道家哲學的基礎；有趣的是，陰與陽的對應在這裡被比作臣與君的關係。這清楚地表明，此時儒家的五倫思想——尤其是其中的君臣、父子、夫婦——已經與陰陽學說融為一體。因

5　關於「物」概念的討論，請見：杜正勝二〇〇一；至於「魅」，則請見：林富士二〇〇五。
6　《抱朴子》，頁一七。
7　林富士二〇〇八a。
8　王明一九六〇，頁四九—五一。

此，道家對於陰陽學說的應用與漢代發展起來的儒家意識形態緊密結合。再者，按照道家世間萬物皆為「氣」之所集的古老哲學，邪鬼與靈也可以解釋為起源於「故氣」，又或是死兵與死將——按照中國中世紀早期最重要的道家理論家陸修靜（西元四〇六—四七七年）所說：

> 六天故氣稱官上號，構合百精及五傷之鬼。敗軍死將、亂軍死兵，男稱將軍，女稱夫人。導從鬼兵，軍行師止，遊放天地，擅行威福，責人廟舍，求人饗祠。[9]

作者說鬼可以是「六天故氣」的一種擬人化，但同時又說鬼也可以就是死人，很顯然地他並沒有看到這二者之間內在的矛盾。這種對鬼來源的理解，與人鬼只是靈界的一部分因此也是世間氣的一部分，二者是相吻合的。這一觀點也反映了東漢末年以來戰亂不斷、病疫肆虐，士兵與平民百姓不是死於刀兵就是死於瘟疫的悲慘境遇。[10]事實上，鬼來源的範圍遠遠超過那些死於軍事行動或疾病的人。《太平經》本身提供了一些惡鬼來源的另一種觀點：

> 時時有是暴鬼、邪物、凶殃、屍咎、殺客。當其來著人時，比如刀兵弓弩之矢毒著人身矣；所著疾痛不可忍。[11]

值得注意的是，這些惡鬼會沒有任何特別正當的理由就傷害人，而且這還被認為理所當然。但是，由於《太平經》宣揚的是「承負」概念，即一個人從自己祖先曾經的錯誤行為中所繼承的壞惡命運，因此惡鬼襲人就可以在「承負」體系中得到證明，也能讓看似隨機的靈異襲擊和厄運給出一套道德的解釋。[12]

在六朝時期的《道藏》中，我們看到了鬼觀念的進一步發展。大概在六朝時期編著的《太上正一咒鬼經》提供了數大類的鬼名表，詳細地表明它們的起源。其中一個內容如下：

正一真人告諸祭酒弟子：若能受吾是經，有急頭痛目眩寒熱不調，常讀此經，魔魅破碎，不敢當吾咒也。若有官獄水火之災，亦讀此經。宅中有鬼亦讀此經。……鬼神有：……思想鬼，癃殘鬼，魍魎鬼，熒惑鬼，遊逸鎮鬼，厭咒鬼，伏屍鬼，肛死鬼，淫死鬼，老死鬼，宮舍鬼，停傳鬼，軍營鬼，獄死鬼，市死鬼，驚人鬼，木死鬼，火死鬼，水死鬼，客死鬼，未葬鬼，道路鬼，兵死鬼，星死鬼，血死鬼，通禱鬼，斬死鬼，絞死鬼，逢忤鬼，自刺鬼，恐人鬼，強死鬼，兩頭鬼，騎乘鬼，車駕鬼，山鬼，神鬼，土鬼，山頭鬼，水中鬼，據梁鬼，道中鬼，羌胡鬼，蠻夷鬼，忌誕鬼，蟲撩鬼，精神鬼，百蟲鬼，井灶池澤鬼，萬道鬼，遮藏鬼，不神鬼，詐稱鬼，一切

9　《陸先生道門科略》，收錄於《道藏》四：七七九。
10　林富士一九九五。
11　王明一九六〇，頁二九五。
12　林富士二〇〇八b。關於「承負」，請見：劉昭瑞二〇〇七，頁一三二—一七四。

大小百精諸鬼，皆不得耗病某家男女之身。鬼不隨咒，各頭破作十分，身首糜碎。當誦是經，咒鬼名字，病即除差，所向皆通。此經功德，聖力難量。於是諸祭酒眸等，仰歎靈文，欽承法訓，志願奉持，稽首而退。[13]

我們在這裡引用這段冗長的段落，是為了顯示作者對千奇百怪而奧妙奇幻的鬼界的癡迷程度。文中說得清清楚楚，驅鬼的方法就是念咒，尤其是念出鬼的名字。因此我們不難理解為何作者希望列出所有可能被命名的鬼類型。令人震驚的是，作者不僅列出了我們以前已遇過的那些鬼，比如人鬼、強死鬼、有或無生命的東西化成的鬼，而且還列出了一些新的類別，比如星死鬼、詐稱鬼，或思想鬼。最後兩種鬼特別有趣，因為它似乎表明人類的思維可以成為一個獨立的實體，擁有自己的鬼。然而，這個鬼列表並沒有描述這些鬼的樣貌。為此，我們還需看看其他文本。

二、鬼的形象

正如我們在前面的章節中已經討論過的，鬼的形象，就如同它們的起源一樣，是多種多樣的，因為它們可以以人或動物的形式出現，甚至以非生命的形式出現。六朝時期的文學作品描繪了許多模樣可怕的鬼，如阮德如在夜中廁所遇到的那個：「長丈餘，色黑而眼大，著白單衣，平上幘。」[14]庾亮故事中的另一個鬼也出現在廁所裡，被描述為「如方相〔大儺儀式中的驅鬼之神〕，兩眼盡赤，身有光耀，漸漸從土中出。」[15]之所以夜裡經常有鬼出現在廁所裡，大概是因為當時廁所與主宅分開，在田野外或陰暗的院子裡，於是成為鬼出沒的理想場所。當然，鬼也可以完全像人，比如《列異傳》談生故事中的女鬼，她和談生一起生活，甚至還跟他生了孩子。[16]道教早期文本《太上洞淵神咒經》收集了五世紀初的各種用來驅除或消除惡鬼的文字或咒語，從中我們可以找到關於各種鬼的身體特徵的大量描述：

道言：自戊寅年，有赤鼻大鬼，鬼名附子。身長九尺，三面一目。復有一鬼，兩頭一身，身長三尺。各各赤目。復有一鬼，鬼名大野，三頭一身，身長七尺。萬萬為群，手提白刃，專行天下，取人小兒。遊行雲中，臃腫赤炁，令人寒熱，吐血心脹，鬥炁折協。當爾之時，得三洞之師來轉經者，病人則瘥，官事自了。若不瘥者，鬼王先坐矣。[17]

雖然乍看之下對這些鬼的描述似乎有些不可思議，但它們很可能不是當時作者的純粹想像，而是在社

13　〈太上正一咒鬼經〉，收錄於《道藏》二八：三七〇。
14　魯迅一九八六，頁一一五。
15　魯迅一九八六，頁一五六—一五七。
16　魯迅一九八六，頁一四四。
17　《太上洞淵神咒經》八：二b，收錄於《道藏》六：二八。

會上有悠久傳統。在戰國時期的《山海經》中，我們還可以找到各種奇特特徵的「神」。例如，有「龍頭人面」、「人面馬身」、「人面虎爪」等等的神。[18]我們也可以參考戰國初期曾侯乙棺材上的守護神，[19]或者戰國晚期楚帛畫上的三頭神，[20]以及馬王堆一號墓出土的著名漆棺上的奇異神怪圖樣。[21]將靈與鬼以嚇人或是怪異的特徵組合起來的這種混合原則，由此看來是早期中國想像力和表現力的一種既定做法。

這些文獻通篇讀下來，彷彿文字成了作者施展他們「畫鬼」才能的舞台，甚至還給讀者帶來了一定的娛樂效果：千千萬萬個凶惡、長相瘆人、嗜血的魔兵和鬼將就像恐怖劇中的角色，出現在一個驚心動魄但又是充滿想像力的世界裡。

道教典籍中也屢屢試圖製造這樣一種印象，即能傷人的鬼就是在一些鬼王或魔王（Mara）的指揮下的鬼兵，受命進行一系列的各種行動：

> 道言：自今以去，天下國土，若有頻年遭罹瘟疫，悉是魔王烏鳴鴆等所部鬼眾為於災禍。遊行天下與民親七祖逝魂同行瘟疫。[22]

在這裡，我們見證了從佛教中借用的一個概念，因為「魔王」這個詞是佛教術語。[23]在描述這些鬼怪這方面，我們也可以看到佛經對道教文本風格的明顯影響。[24]有一個值得我們注意的特點就是道家文獻中對邪鬼與靈的數量、特徵和行為的描述發生了漸進的變化。如《抱朴子》這類最早的道教典籍中惡鬼與靈的名稱和數量未有見到過分誇大。在《抱朴子》中，惡鬼和邪靈的來源不同，有鹿、虎、猴、狗等動物，也有死人。但對這些鬼與靈的描述並沒有著墨在它們的具體特徵或數量。在後來道教的《太上洞淵神咒經》等典籍中則明確地強調了天文數字般的鬼的數量，這也與佛典中經常用天文數字來描述劫（*kalpa*）數和各種神靈數量的說法產生了共鳴，因此可以視為受佛教影響的一個標誌。

在上述引用的道教文獻中，對鬼的描述並不像《志怪》中常見的那樣，由個別鬼及其與活人的互動所構成。然而，它們的形象和行徑，也就是它們在世間無情的屠戮，卻仍被賦予生動的語言。換言之，這些文獻中的鬼通常沒有個性；它們僅作為一種類別而存在。這些鬼在道教文獻中的作用可以說是相當簡單直白了。它們自始至終都是充滿惡意，只會對人造成傷害。這些文獻中它們一再被提及，其意圖就是在表明世間正被這些惡鬼邪靈所困擾，道或道士是世人得到救贖的唯一希望。正如預期，

18 Poo 1998，頁九三起。
19 湖北省博物館一九八九，第一冊，頁二八—四五。
20 饒宗頤和曾憲通一九八五，圖版一—七。
21 湖南省博物館和中國科學院考古研究所一九七三。
22 《太上洞淵神咒經》一四：一一，收錄於《道藏》六：五四。
23 吉岡義豐一九五九—一九七〇；Zürcher 1980；Bokenkamp 1997；Strickmann 2002，頁五八起；Mollier 2008。
24 關於受到佛教影響的道教文本的整理，請見：鎌田茂雄一九八六。

救贖通常以驅鬼儀式的形式出現。

三、驅鬼儀式

當文人墨客將鬼故事收集成《志怪》，不管是作為道德教訓或是娛樂消遣的目的，六朝時期的早期道教信徒不得不在普通人的日常生活中面對鬼，並試圖征服這些不受歡迎的鬼與靈，以確立道教的權威。[25]在西元三、四世紀道教發展初期，道教的擁護者經常得面對所謂的淫祠，信徒被禁止用血祭來祭祀當地的鬼與靈。[26]在這方面，道教人士與漢代的士大夫頗有幾分相似，他們擔負起教導百姓如何辨別適當的敬神之道和何謂不正、腐敗之道的責任。為了辟開邪靈，早期的道教典籍中有很大部分的驅鬼文獻供信徒使用。例如，葛洪就避開或降伏惡鬼邪靈的方法提出了建議：

> 或問曰辟山川廟堂百鬼之法。抱朴子曰：「道士常帶天水符、及上皇竹使符、老子左契、及守真一思三部將軍者，鬼不敢近人也。其次則論百鬼錄，知天下鬼之名字，及白澤圖九鼎記，則眾鬼自卻。其次服鶉子赤石丸、及曾青夜光散、及蔥實烏眼丸、及吞白石英只母散，皆令人見鬼，即鬼畏之矣。……有老君黃庭中胎四十九真秘符。入山林，以甲寅日丹書白素，夜置案中，向北斗祭之，以酒脯各少少。自說姓名，再拜受取，內衣領中。辟山川百鬼萬精虎狼蟲毒也。何必道士，亂世避難入山林，亦宜知此法也。」[27]

這個文段的有趣之處在於，驅鬼的符籙可以用來驅散各種邪靈和惡魔，而且普通人就能使用。他們可以將符籙穿在衣服上，服用神藥，或者念鬼名，就像吃藥治病一樣。其實這個想法正是這樣：世間的一切異象，無論是由邪靈鬼怪還是野獸和疾病所引起，它們都屬於與人完全對立的同一類，也就是能以道士開出的法術、護身符、儀式祈禱和儀軌以及各種藥物來加以整治的外來干擾。在這裡，我們還注意到道教驅鬼非道德性的一面：即不以道德的理由來解釋為什麼一個人會被邪靈侵擾。也就是說，邪靈的出現與受其影響者的個人道德或行為無關。此外，當葛洪宣揚「守一」作為驅除一切邪靈的最重要方法，並沒有提到想要嘗試這些方法的人必須先具備正直的個人品德。《抱朴子》裡關於丹藥的製作和服用也有同樣的情況。[28]因此我們可以認為，總的來說道家關於邪靈和疾病的起源的思想是相當物質性的，無關個人道德。

當然，這種唯物式的理解只能是整個故事的一部分。《抱朴子》確實提倡道家的基本哲學思想，保持心智單一，消除可能會污染心靈的欲望，最後達到與道合一的終極境界。儘管如此，這種身心的堅持並不涉及一個人與群體中其他成員的社會義務和道德關係，對此儒家的價值觀則非常重視。

25 關於道教儀式的整體樣貌，請見：Lagerwey 1987；而關於道教如何驅魔，請見：Mollier 2006。

26 關於道教與「民間信仰」的區別是否僅在於他們崇拜鬼的程度，或者有更根本的方式，相關爭論的研究，請參見：Stein 1979；Lai 1998。

27 王明一九八五，頁二九九—三一四。

28 Poo 2005b。

儘管道家和儒家在強調個人和社會義務方面存在差異，但道家文本確實提倡某些與構建和諧社會相一致的道德價值觀。例如，在《太上洞淵神咒經》中文本以故事情節的形式加以塑造，其中「道」（道的擬人化）向人們布道，並預測在即將到來的劫，一場大禍會毀滅全人類。「劫」這個詞的基本含義是「十億年」的時間，並且每個劫的結束經常會伴隨災難，這進一步證明了佛教的影響。會帶來災難的靈體是鬼和魔王。就這樣開始了一系列預言，講述鬼將如何降世滅人，而接受《太上洞淵神咒經》等典籍的人將如何得到保護，免受惡魔和鬼的欺壓，最後獲得拯救。文中充斥著世界末日即將到來的論斷，因為人們犯下各種罪行，例如不遵循道法、為惡，或貪圖世俗財富和享受。因此，這些典籍固然是為了幫助人們驅鬼，但它也傳達各種道德和倫理價值觀。《太上洞淵神咒經》有如此一段文字：

> 道言：山林之鬼，名玄子都。領二千九十萬鬼，常行卒死病，殺人小口、老人。入人宅中，驚人雞犬、小兒。復有赤幘鬼三萬九千人，仍入人宅中，取人六畜。復有八十萬青蟲鬼，鬼長三尺六寸。常持天火，燒人宅舍，令人遭官事口舌。復有大運青鬼，鬼長三丈，四十九萬人，手持赤捧，棒殺萬民。有善人信法者，不敢近之。惡人無義，殺生逆道、不存父母、誑說道士、罵辱師徒者，斬之不恕。29

「道」在另一文段還對這些文字做了如此解釋：

> 世間多惡人，故有此惡鬼等暴殺人耳。自今以去，男女有受三洞〔即，該典籍〕之人，鬼王敬奉，不敢犯之。[30]

這裡的邏輯很簡單：不作惡，做好人，孝敬父母，才能得到保護。驅除不受歡迎的鬼的方法有很多種，但持咒是最常見的方法，這點我們在之前已經看到過了。然而，念誦的行為還需要一些特殊步驟，以便神力能夠被為人所用。

傳葛洪所寫的《神仙傳》提及，駕馭鬼與靈的能力已經是仙人才擁有的顯著能力。「役使鬼神」一詞就常被來形容仙人的能力。例如，在《神仙傳》中傳說的道教創始人張道陵，就被描述為在建立教權威望之前曾經在四川制伏了數以萬計的鬼眾。[31] 降鬼也與治病有關，因為在大眾認知裡疾病往往是由邪鬼造成的。所以神仙們通常精通醫學和驅鬼之術。[32] 因此可以理解，這些鬼從分類上來說就是應該被驅除的惡鬼。不過，《神仙傳》並沒有詳細描述仙人用來驅鬼的符籙和法術。對於這些，我們還需要深入研究《道藏》。例如，陶弘景（西元四五六—五三六年）在《登真隱訣》中記載的「北帝殺鬼法」，內容如下：

---

29 《太上洞淵神咒經》八：五b—六a，收錄於《道藏》六：二九。

30 《太上洞淵神咒經》六：七a，收錄於《道藏》六：二二。

31 《神仙傳》，頁五。

32 Poo 1995。

先叩齒三十六下，乃呪曰：天蓬天蓬，九元殺童，五丁都司，高刀北公，七政八靈，太上浩凶，長顱巨獸，手把帝鐘，素梟三神，嚴駕夔龍，威劍神王，斬邪滅蹤，紫氣乘天，丹霞赫沖，呑魔食鬼。……炎帝裂血，北斗然骨，四明破骸，天猷滅類，神刀一下，萬鬼自潰。畢四言一啄齒，以為節也。[33]

此外，這種精確的背誦方法只是使其生效時所需完整內容的一部分。譬如說，不僅要嚴格地按照文字順序念誦，還要在齋戒、布施、打坐等儀式中念誦，時時都處於修道的狀態。因此驅鬼咒語被用於複雜的儀式表演以及日常活動中。早期道教的另一部著作《女青鬼律》也列出了一長串的鬼名，並提供了多種驅鬼方法：念出鬼名、持著上面寫有鬼名的符籙，或者在門口上掛著護身符。[34]對於在日常生活或修行中可能會遇到邪靈的道教修煉者自己，也有專門的驅鬼儀式法術。例如：

凡道士行來獨宿有魔精惡鬼之地，當叩左齒三十六通，閉氣微祝曰：「太帝陽元……，千祅萬毒，敢當吾前，巨獸重吻，刳腹屠肝，神公使者，守衛營番，黃衣師兵，斬伐祅魂，戩滅千魔，摧落凶奸，絕種滅類。取令梟殘，玉帝上命，清蕩三元。」畢，又叩齒三十六通。[35]

這些咒語基本上是建立在這樣的思想上，認為靈界是一種天上宮廷的形式，而道士所要做的，就是奉請對應的天官下凡，來對付惡魔和鬼怪。道士也可以兼任天官的角色，就如另一個例子所示：「世人有知酆都六天宮門名，則百鬼不敢為害。欲臥時，常先向北，祝之三過，微其音也。」咒語繼續如下：

吾是太上弟子，下統六天。六天之宮，是吾所部，不但所部，乃太上之所主。吾知六天門名，是故長生。敢有犯者，太上斬汝形。[36]

這段咒語宣揚的是邪靈和鬼與最尊貴的太上同在一片天界，它們都受治於天官，正如人間的土匪和盜賊也理應受到人世間政府的管轄治理一樣。換言之，道家關於天界體系的觀念，很大程度上仿照人界。

驅鬼儀式的實際程式經常在文本中有所描述。這類文本的其中一部《用神杖法》顯示了道士施行儀式時心中所想：

道士欲施《用神杖法》，當叩齒三十六通，思五帝直符吏各一人，衣隨方色，有五色之光，流

33 《登真隱訣》，收錄於《道藏》六：六一三。
34 《女青鬼律》，收錄於《道藏》一八：二三九—二五二。
35 《上清修身要事經》，收錄於《道藏》三二：五六二。
36 《真誥》，收錄於《道藏》二〇：五七九。

煥杖上，五帝玉女各一人，合侍衛杖左右，微祝曰：「太陽之山，元始上精，開天張地，甘竹通靈，直符守吏，部禦神兵。五色流煥，朱衣金鈴，輔翼上真，出幽入冥。招天天恭，攝地地迎。指鬼鬼滅，祆魔束形。靈符神杖，威制百方，與我俱成，與我俱生。萬劫之後，以代我形。影為五解，神升上清，承符告命，靡不敬聽。」畢，引五方氣二十咽止。以杖指天，天神設禮，指地地只司迎，以杖指東北，萬鬼束形。[37]

這段經文指出，道士需要想像玉女作為五帝的代表而到來，幫助他宣讀驅鬼咒語，然後進行必要的儀式。祈願／起咒的原則是召喚天神和天官下凡，代表道士來降伏鬼魔。這種原則背後的基本原理是相信通過採取必要的行動，例如扣打牙齒和宣讀名字和命令，咒語的內容就會發生，鬼與魔因此被制伏。因此，這種信念可以被認為是一種共感的法術，因為語言能感應並產生行動。再者，這種現象絕非只限於中國，因為在不同的文化中都能找到類似的驅鬼方式。

此外，一些驅鬼咒語可以在多種情況下使用。《玉帝祝鬼衛靈之法》有如下描述：

兆若夜行畏恐，心震意怯，或惡夢之時，魔鬼試人，犯真干氣，欲疾病害人者，急行玉帝祝鬼衛靈之法，兆當心存至道，求濟於帝一。乃北向叩齒三十通，閉氣密祝。祝畢，又叩齒如上，咽液十過。於是奸惡消摧，群魔伏滅。……亦可日日諷習，振響唱誦，坐臥隨意，以塞百邪之來試，閉奸鬼之凶跡。當臥寢，亦常可誦之，令人神安意明，辟夢除厭，消諸毒惡。[38]

扣齒的方法被認為對驅鬼和邪靈特別有用，如另一篇文字如此記述：

夜行常琢齒，琢齒亦無正限數也。煞鬼邪鬼，常畏琢齒聲，是故不得犯人也。若兼之以漱液祝說亦善。[39]

根據《太上正一咒鬼經》，驅鬼咒法的預期效果是實現人們以下的願望：

欲行道法，欲治身修行，欲救療病苦，欲求年命延長，欲求過度災厄，欲求白日升天，欲求宅舍安穩，欲求田蠶如意，欲求販賣得利，欲求奴婢成行，欲求仕宦高遷，欲求訟詞理訴，欲求男女命長，欲求保宜子孫，欲求婦女安胎。[40]

這樣的預期利益清單清楚地列出了道教信仰的主要目標，即如以上這些願望所表明的，獲得生活中的幸福。

37 《上清修身要事經》，收錄於《道藏》三二：五六六。
38 《上清修身要事經》，收錄於《道藏》三二：五六八。
39 《真誥》，收錄於《道藏》二〇：五八二。
40 《太上正一咒鬼經》，收錄於《道藏》二八：三六八。

當陸修靜在改革道教禮法時，聲稱自己「下千二百官章文萬通，誅符伐廟，殺鬼生人，蕩滌宇宙，明正三五，周天匝地，不得復有淫邪之鬼。」[41]這一說法清楚地表明，道士是如何依靠實踐驅鬼儀式、咒語和符籙來開展他們的業務並獲得信眾的信任。這不禁使我們想起張道陵在建立他的道教威望之前曾降伏千鬼的傳奇行跡。

誠然，道士們斥責那些以某種驅鬼儀式和犧牲祭祀來抵禦鬼襲擊的平民不僅粗俗而且錯誤：

> 道言：汝等後世之人，不奉大道。況世俗俗師，打鼓祀神，殺猜犬雞，純三牲草水之上。召喚百鬼，祠祀野神。此為亂邪。[42]

這一文段指出了早期道教與所謂民間信仰的對抗：道家信徒鄙視那些崇拜各種鬼靈的「俗師」，大概意味著當地的巫師。[43]但問題是，當時道教的宗教團體還在發展，老百姓可能並不清楚所謂的道教行事與人們過去在地方實踐中的做法有何不同。所以，無論道士如何努力遏制民間對鬼怪的信仰，他們的遏制手段多半只能是弄巧成拙，因為他們一開始就承認並相信鬼的存在。而一旦承認了鬼的存在，就沒有辦法阻止人們相信鬼的力量，無論這力量是否邪惡。換言之，道士們所提供驅趕各路邪靈的多種宏偉計畫和方法，大概都達到了相反的目的：確保了邪靈會留在世間繼續肆虐。例如，當文中提到整個天庭都被調動起來與惡鬼搏鬥時，我們不確定這樣的描述是否會增加信徒的信心，或者，不無可能，反而增加了惡靈無論如何都是天兵可怕對手的印象。[44]中國古語有云，道高一尺，魔高一丈。當然也可能這正是道士們想要的，正因為世間總是有無數的鬼與靈需要驅逐，所以讓這些道士們得以忙碌地被民眾雇傭。

如前所述，道士舉行儀式時，吸引人們的不僅僅是他們對幸福生活的渴望，還有複雜而神秘的咒語、迷人的音樂、華麗的服飾，以及道士們表演的「禹步」等肢體動作。禹步是一種古老的儀式行為，在西元前三世紀的典籍睡虎地《日書》中已經出現。[45]它的本質特徵是表演者沿著北斗七星的圖樣行走，兩腳交替一前一後地走，使動作看起來像某種富有異國情調的舞蹈。[46]直到今日，這種表演已經成為道教儀式中最經久不衰的一個部分。

因此，單獨閱讀《道藏》中的咒語，它們似乎是嚴肅的驅鬼文本，但當它們在儀式環境中讀出並通過表演增強效果，它們可以為在場的觀眾提供更多的娛樂性，從而產生更多的熱情。[47]祭祀儀式的

41 《陸先生道門科略》，收錄於《道藏》四：七七九。
42 《太上洞淵神咒經》，收錄於《道藏》六：三〇。
43 關於此議題的深度討論，請見：Kleeman 2016，頁九六起。
44 《無上三元鎮宅靈籙》，收錄於《道藏》一一：六七七。
45 睡虎地秦墓竹簡整理小組一九九〇，頁二二三。
46 葛洪在《抱朴子》（頁一七）中提到禹步：「正立，右足在前，左足在後，次復前右足，以左足從右足並，是一步也。次復前右足，次前左足，以右足從左足並，是二步也。次復前右足，以左足從右足並，是三步也。如此，禹步之道畢矣。凡作天下百術，皆宜知禹步，不獨此事也。」
47 Poo 2000。

公開展示不僅是一種道教現象，也是在中國社會中由來已久的做法。[48]

不過，另一方面而言，由於這些文段本來就應該在祭祀時向人們宣讀，所以其中還包含了各種可以吸引人們注意的故事、詩歌和韻詩也就不足為奇了。一份描述惡鬼大屠殺的典型段落如下：

道言：大劫欲至，治王不整，人民吁嗟，風雨不時，五穀不熟，民生惡心，叛亂悖逆。父子兄弟，更相圖謀，以致滅亡。怨賊流行，殺害無辜。當此之世，疫炁眾多，天下九十種病，病殺惡人。此有赤頭殺鬼鬼王身長萬丈，領三十六億殺鬼，鬼各持赤棒，遊歷世間，專取生人。[49]

我們沒有關於這些文本究竟是如何被道士使用的詳細資訊。但只能假設這些文本的內容是道士至少由口頭方式傳達給一般的信眾，這才合理。除了這類對鬼行為的籠統描述外，有時在驅魔儀式文本中還可以找到個別的故事。在另一部道教典籍中，作者加入了一個有趣的狐狸故事，以闡明正邪之間的區別。[50]這個故事很可能是對佛經的模仿，因為佛經中常會參插入傳教故事，適時地分散人們對嚴肅的儀式和教規的注意力。

除了強調使用外在力量來驅鬼的儀式的文本之外，人們還可以依靠個人衛生的細心維護和對生命的精心滋養：

夫可久於其道者，養生也。常可與久遊者，納氣也。氣全則生存，然後能養至。養至則合真，

> 然後能久，登生氣之二域，望養全之寂寂，視萬物玄黃盡假寄耳，豈可不勤之哉？氣全則辟鬼邪，養全則辟百害。入軍不逢甲兵，山行不觸虎兕，此之謂矣。[51]

通過修煉內在的生命力，也就是氣——道教信仰體系的另一個重要特徵——一個人可以長生不老，因此讓包括鬼在內的所有外部攻擊都莫可奈何。[52]然而，禪修、齋戒、體育鍛鍊等內修方法，似乎只適合生活優渥的上層文人，因為飢餓的恐懼對他們而言從來不是問題。也就是說，對於那些亟待救助的老百姓來說，這不可能是一個切實可行的驅鬼除魅的方法。

通過對鬼的來源和形象的描述，以及為制伏鬼而設計的驅鬼儀式，我們得到的印象是，在道教世界中，鬼基本上是人類的敵人。它們與人類的互動是人們最不願意發生的。然而，出於我們上面已經描述過的原因，它們仍然出現在人們面前：它們前來為它們遭受的冤屈而報仇、來處理未盡之事、來幫助或打擾人們，無論它們是否有充分的理由。有時它們甚至可能需要生者的幫助。此外，鬼可以被視為天庭的代理人，執行皇天（即天帝）所認可的正義：

48 Lagerwey 1987。
49 《太上洞淵神咒經》，收錄於《道藏》六：三。
50 《要修科儀戒律鈔》，收錄於《道藏》六：九二九。
51 《真誥》，收錄於《道藏》二〇：五二五。
52 Schipper 1993，頁一三〇—一五九。

凡人逐日私行善惡之事，天地皆知其情。暗殺物命，神見其形。心口意語，鬼聞人聲。犯禁滿百，鬼收其精；犯禁滿千，地錄人形。日行諸惡，枷鎖立成。此陰陽之報也。皇天以誡議，故作違犯，則鬼神天地禍之也。[53]

此處文段明確地指出，鬼與靈的攻擊有因應的法理，就是要對作惡的人施以上天的懲罰。因此，鬼將成為皇天神旨的手段工具。所以我們可以合理地假設，這樣的想法可能已經為鬼的存在提供合理的理由，並且至少是與人的外在行為有關的道德，可以被鬼的存在所管轄制約。這聽起來可能與邪靈和邪鬼不顧受害者的道德品質而主動行凶的想法不相容，但顯然這兩種想法同時都可以為信徒所接受。無論哪種方式，鬼與靈應該最好都能通過各種驅鬼儀式和咒語來加以遏制。

除此這些，道士們還可以給被鬼附身的人開藥。有種用來表示這種由鬼引起的疾病的術語是「鬼注」，意思就是「被鬼感染」。在一些漢代墓葬中已經發現了這種信仰和醫療行為的證據，其中驅鬼咒語和朱砂等草藥物並存。[54]葛洪的《抱朴子》在闡述如上所述的各種驅鬼儀式的同時，還記載了許多治療鬼注的藥方。他的醫學著作《肘後備急方》包含了許多治療因鬼襲擊引起的疾病的秘方。[55]此處不便對道教醫療展開更深入的探討，但我們應當注意的是，在漫長的中醫藥史上，道教的貢獻是令一代又一代宗教學者和醫藥學者著迷的重要篇章。[56]

四、新鬼或舊鬼？

現在擺在我們面前的問題是，前道教的中國社會裡的鬼，與我們在道教典籍中看到的鬼，是否有所區別。在鬼的起源方面，道教文獻向我們揭示了人們對鬼的不同類型和模樣的想像有個新的發展，這個發展遠遠超出了我們在更早期文本或表達中所看到的那樣。鬼因人的行為而懲罰人，例如為生前所受冤屈而前來報仇，甚或沒有明顯的理由就懲罰人，這些在原則上並不新鮮，因為我們在前一歷史時期以及《志怪》中都已經見過。但道教典籍中所描述鬼的規模和數量，在更早的時代裡又是未曾見過的。那麼，這種現象的歷史意義是什麼？它們攜帶著什麼樣的訊息？這些訊息的文化背景或基礎是什麼？

我們可以從幾個角度來考慮這些問題。漢朝滅亡後的社會政治災難無疑是影響數百萬人生活的主要因素之一，從而支持戰爭和瘟疫等大規模災難導致人口急劇減少的說法。三至六世紀期間的歷史和

53 《赤松子中誡經》，收錄於《道藏》三：四四五。

54 關於鬼注的深入分析研究可見於：張勳燎與白彬二〇〇六，頁三—五二；至於墓中發現的藥材，請參見：張勳燎與白彬二〇〇六，頁二四四—二四五。

55 《肘後備急方》，頁八—一五。

56 請參見：Strickmann 2002。關於中醫的全面介紹，請查閱：Sivin 2000。

文學文獻顯示了這些災難的毀滅性後果。[57]戰爭和疾病帶來的大規模滅絕的恐慌，很容易成為作者們在創作上述那類早期道教典籍的原素材。因此，百萬鬼兵戮盡大地的這種描述可能是基於當時的歷史現實，或是受其啟發。再者，鋪天蓋地的鬼名表列，很可能不是單獨個人僅僅為了給讀者留下深刻印象而做出天馬行空的想像，而可能是基於社會整體所經歷的令人難以置信的破壞。它生動地描繪了一個被戰爭和疾病撕裂和摧毀的社會，因為幾乎普天之下盡為鬼，只因生靈塗炭。不僅人類遭受了慘絕人寰的命運，官邸、旅社、軍營、房梁、馬車、道路、水井、爐灶、池塘、沼澤等一切世間事物都被毀壞殆盡，變成了鬼。早期史料中的鬼是表達自己的不滿、想要為自己報復，或者打算處理自己未盡之事的單獨個體。而道教典籍中的鬼代表的不是個人，而是整個社會的委屈、悲傷、痛苦和恐懼。因此，此類文本的出現代表了和解共生的集體需要，以及與可怕的現實作搏鬥的渴望。與早期的鬼只是信仰體系的一小部分不同，道教文獻中的鬼似乎主導了整個信仰體系，並形成了一種新的世界觀。萬鬼肆虐人間的想法在人們的宗教想像中因此占有一席之地，這可能為中世紀的鬼節奠定了基礎。[58]當然，對於道教信仰而言，遏制鬼魂的活動以保護人們安全，始終是主要目標之一。通過將鬼的現象置於在道教文本中所見的結構化而且規範化的天地系統中，就有希望可以控制它們。事實上，道家的天地觀中有玉皇大帝或三清主持天庭，以及無數的天官、將帥、官兵對抗萬千惡鬼，讓人覺得它就是一種對人間政治結構的模仿，儘管這種模仿並不是字面意義上的。這種「帝國隱喻」——借用史蒂芬·費希旺（Stephan Feuchtwang）的說法——[59]顯然不是由道教信徒發明的，因為這種思想甚至早在《左傳》晉侯與尋仇鬼的故事中就能找到起源，我們在第二章已經提到。故事中，大厲對晉侯說：「殺余孫，不義，余得請於帝矣！」[60]這份請求當然是尋求正義，然後也確實得到了批准。這裡的「帝」大概是指天帝，其淵源甚至可以追溯到商代的甲骨文，[61]這也當然暗示著在魔和鬼的世界中，存在著由天帝和其餘官僚機構所組成的階級秩序。除此之外還有陰間官僚體系，陰間的居民必須在其下生活，這在漢朝的喪葬文獻中表現得最為清楚。[62]因此我們看到中國歷史上有個悠久傳統，是去建立一個天庭或冥府官僚體系，來安頓所有死者的靈魂，並希望它們受到如此秩序的控制和安排。那麼，道教信仰的新發展，就在於信仰體系中控制鬼的重要性。在《道藏》中的許多文本都指明收服鬼和魔就是它們的主要功能之一。這種對鬼的控制的強調是前所未有的，但這並不是說鬼在此前人們的心目中不重要。同時，我們也注意到道教與佛教典籍之間，尤其是後來歸類為「靈寶」的典籍，具有一定的相近性。[63]一些道教文本中對鬼的描述明顯受到佛教文本風格的影響。另一方面，中國中世紀佛教徒試圖將道教文本納入佛教用語的範圍也是一個事實。因此，道家和佛教徒互相借用和複製，用現代的話來

57 林富士一九九五。
58 Teiser 1988。
59 Feuchtwang 2001。
60 《左傳》成公十年。
61 Eno 2009。
62 Cedzich 1993；Poo 2017b。
63 Bokenkamp 1997。

說就是互相抄襲。[64]因此，我們有必要研究至少在早期佛教傳統中對鬼的描述，以完成我們對早期中國鬼的完整描述。

64 Mollier 2008。

第六章

早期中國佛教對鬼的降伏

〔曇無〕讖嘗告蒙遜云：「有鬼入聚落，必多災疫。……宜潔誠齋戒神咒驅之。」乃讀咒三日，謂遜曰：「鬼已去矣。」時境首有見鬼者云，見數百疫鬼奔驟而逝。[1]

佛教在中國如今已被視為中國社會的自然組成部分。然而，如果佛教沒有在東漢末年社會處於大動盪和轉型的關鍵時期進入中國，中國的文化景觀將全然不同。那時沒有什麼可以保證佛教在中國的社會中能占據一席之地。因此，佛教如何在中國站住腳跟，長期以來一直是學術討論的主題。[2]雖然對中國佛教活動的最早記錄可以追溯到西元一世紀，但關於一些佛教僧侶最早活動的更可靠記錄來自二世紀後期。[3]這種新宗教不僅挑戰和改變了中國知識分子長久以來對人性、道德基礎、生命意義等宇宙觀和哲學思考；它也逐漸滲透到整個社會，培育了一個由職業宗教專家及其追隨者組成的新型人口群體，後者為前者提供了物質支援和法律保護。一些追隨者來自精英統治階級，他們有些可能因為佛教在哲理上的精緻性，和具備增強統治者意識形態的潛力，而皈依這門新信仰；有些則是被它的救贖信念所吸引的普通人。可以肯定的是，這是一個漸進而且相當零碎的過程。[4]最終有些佛教觀念、說法和習俗確實融入了中國人的思想、語言、文學和藝術。事後看來，我們可以說佛教終於成為不斷

---

1 《高僧傳》，*T* 50，no. 2059，頁三三六。
2 較新的研究可見於：Poo et al. 2017。本章大抵以此前之研究為底稿，請見：Poo 2017a。
3 請見：Ch'en 1973，第三一章；Zürcher 2007，第二章。
4 Campany 2017。

演進的中國文化中不可分割的有機組成部分。

然而，這並不意味著佛教在中國文化中從此占據主導地位，譬如，相較於西藏的藏傳佛教而言。在西元三世紀末的時候，並沒有任何東西可以保證讓中國人無條件地接受佛教教義，並放棄他們熟悉的生活。事實上，中國社會整體而言從來都沒有完全「皈依」過佛教，即使統治者宣布自己忠於佛教。在很長一段時間內，甚至在它被接受，或者更確切地說，在中國站穩腳跟之後的幾百年裡，佛教——一種在完全不同的土壤中發展起來的印度宗教——的傳授和實踐都受到了大多數中國人的抵制，無論知識分子或平民。因為佛教從根本上與他們的思維方式不同，而且佛教中的一些元素否認了他們的文化身分認同基礎，這基礎包括天人感應觀、尊天崇地、祖先崇拜、以儒家思想為主幹的家庭和社會倫理，以及帝國政府對人民生命的權威支配等。放棄這些似乎就等於放棄了中國人的身分認同。對佛教的抵抗有時甚至變成了徹頭徹尾的迫害。伽藍被關閉；僧人被迫還俗。對佛教的這些顧慮甚至一直持續到了現代。這連同其他原因，都與中國政體的性質有關。如果我們將傳統中國政體視為宗教政權的一種形式，[5]由於皇帝被稱為「天子」，因而即使統治者宣布他接受某種信仰，不論是不是佛教，國家與宗教團體之間不可避免地會發生內在的衝突或權力競爭。因此，這個問題遠比單純的個人拒絕或接受某一種宗教信仰要複雜得多。

但是另一方面，如果允許我們稍微推測一下，佛教大師們可能不希望看到一個充滿僧侶但沒有平民願意作為僧侶主要供養人的社會。佛教僧人（或道教道士）與他們試圖傳道感化的人民之間顯然存在共生關係。讓所有人徹底皈依，即使有可能，應該不是佛教早期傳播者的目標。無論如何，佛教最初傳入中國時，極有可能是某些西域或中亞地區商人們的修行信仰。有意地將佛教傳入給中國應該不是這些商人的初衷，畢竟他們的目的是做生意而不是傳播宗教教義。隨著這些最早的佛教徒接觸並定居在中國人群中，他們使中國人有機會熟悉自己的外邦行為和信仰，也讓他們自己和家人有機會學習中國式的思維。早期的一些著名僧侶都是在中國定居的中亞商人的後裔。

因此，當佛教僧侶——一些來自中亞或印度，一些則是中亞商人的後裔，或中國籍的皈依者——開始積極將佛教傳入中國時，他們絕對不是第一批來到中國的佛教徒，而且他們肯定對中國文化傳統的主要特徵已經有一定的瞭解。然而，他們不太可能擁有統一的神學或信條來定義什麼是「佛教」，也沒有統一的教會系統可讓早期的佛教依賴。因此，佛教思想傳入中國的方式只能說是相當的零碎，因為每個傳播者都必須在與人溝通和說服上獨自奮鬥。簡而言之，擺在他們大多數人面前的主要任務是雙重的。首先，他們需要贏得精英／文人階層的關注，包括統治者。他們明白，獲得統治精英的好感和支持，對於他們在中國社會裡扎根至關重要。為此，他們利用中國本土觀念來解釋他們的信條，翻譯他們的文本，甚至用中文術語與中國知識分子爭論以宣傳佛教。[6]其次，佛教僧侶還需要面對社會中人們身處其間或早已習慣的流行信仰，並展示他們作為佛教僧侶可以如何為人們提供可靠的服

5　請參見：Lagerwey 2010。

6　此議題已經被大量研究，請參見：Zürcher 2007，第二章。關於他們對於中國文人的討論與爭議的文獻如今收錄於《弘明集》與《廣弘明集》。

務，從他們的生活中驅逐邪靈和邪鬼，並確保人們一個幸福的未來，無論是在現世還是在陰間。因此，早期的佛教文獻大量地提及了當時流行的民間信仰活動，包括對鬼與靈的崇拜。梁朝慧皎（西元四九七－五五四年）編纂的《高僧傳》最能說明這一點。該書中記載的許多故事都將這些僧侶描繪成具有驅鬼的專才或能力。[7]此外，許多六朝《志怪》故事顯然是由佛教信徒或同情者撰寫或編纂的，以鬼故事為手段來顯示佛教僧侶的神奇力量。[8]唐代百科全書式的宣揚佛教的文集《法苑珠林》收錄大量鬼故事，其中不少摘錄自六朝《志怪》，這些鬼故事當初的目的就是為了弘揚佛法。[9]這是佛教徒努力的第二個面向，即他們如何處理中國傳統的鬼概念和對於驅鬼儀式確實有效的信仰，也是本章即將專門討論的內容。

一、早期佛教文本中的「鬼」

當我們在談論早期中國的鬼概念時，我們已經面臨一個翻譯的難點。正如我們在第一章中試圖證明的那樣，英文術語「ghost」（以及其他相關詞語，如 phantom、apparition 或 spirit）和中文的「鬼」通常並不完全對等，因為「ghost」在西方世界通常指死去的人的靈魂，而在中國語境中的「鬼」可能包括人類和非人類的靈魂。因此，早期佛典的譯者在翻譯一些代表精靈的梵文詞語時，不論它們本質上或善或惡，都常常使用了同一個字「鬼」，因此這個詞繼承了它在中文本身的含混性，可能對讀者在理解中文的佛經時產生一定的影響。

在中文佛經中，「鬼」一詞用於表示多種的存在：死人和源自梵文詞語中的各種惡魔，例如*yakṣa*（能高速飛行的死人靈體，或是吞噬人類的惡魔）、*rākṣasa*（食人惡魔）或*vitāla*（住在屍體中並使其復活的惡魔）。或許是為了避免費力地解釋這些靈體的本義，有時它們的名字會以中文音譯然後加上一個「鬼」字，表明它們本質上充滿敵意或就是一種靈體。因此，*yakṣa*一詞被譯為「夜叉鬼」或「閱叉鬼」。*rākṣasa*音譯「羅剎鬼」，而*vitāla*音譯為「毗陀羅」或「起屍鬼」。或者，有時*yakṣa*一詞也可以譯作「夜叉鬼神」或「閱叉鬼神」，其中「鬼神」的含義與「鬼」相同，即鬼／靈，其來源可以是非人類或是人類。顯然，這些術語的翻譯者遵循了中文「鬼」等於「鬼神」的用法，用以指稱靈界的存在。對於我們的討論，若將「鬼」簡單地翻譯為惡魔，可能會導致不必要的混亂。[10]

例如，在最早的譯經之一《道行般若經》的一段話中，「鬼神」一詞顯然是指有害的鬼。驅除這些鬼的方法，就是運用具有法力的摩尼寶珠：

有是寶，無有與等者。若持有所著，所著處者，鬼神不得其便，不為鬼神所中害。若男子、若

7　請參見：Poo 1995；Kieschnick 1997，頁一〇七－一〇九。

8　如《雜鬼神志怪》、《宣驗記》、《冥祥記》與《旌異記》等文獻都可見於：魯迅一九八六。請見：Campany 2012。

9　Teiser 1985。《法苑珠林》由僧人道世在西元六五九－六六八年所編纂。請特別參見卷三一、三二。

10　請見：Strickmann 2002，頁五八起。

女人，持摩尼珠著其身上，鬼神即走去。[11]

另一方面，天上的靈，中文中稱為「神」，在中文的佛經中也可以翻譯為「鬼神」。佛經往往稱「八部眾」（梵文 *aṣṭa-gatyaḥ* 或 *aṣṭauparṣadaḥ*）為「天龍鬼神」，因此很明顯，「鬼神」這個詞在這裡指靈界的所有存在，也就是神、龍、夜叉、餓鬼（*preta*）等等，而它們不一定帶有任何邪惡的含義。漢譯佛經中有很多用詞都用音譯並加上「鬼神」一詞的做法。其中一些，例如「乾陀羅鬼神」（半神，梵語 *gandhara*）、「摩睺勒鬼神」（大蛇鬼怪，梵語 *mahoraga*）、甄陀羅鬼神（半馬半人的鬼怪，梵語 *kimnara*），實際上是各種神秘的半神或鬼怪，且都不是「人鬼」，有些甚至可以與中國「物怪」和「魅」這些概念相比，也就是自然世界裡的靈體。[12]

但大致來說，在大部分情況下，在中國佛教典籍中使用「鬼」或「鬼神」這兩個詞可以兼指惡意或善意的靈體，因此，我們若說「鬼／神」這兩個詞主要指的是靈體，而沒有具體指明這些靈體的內在性質，也大致正確。至於這種存在是否有惡意，還需照看它出現的脈絡。正如上文第二章所討論的，這與中國人對靈性存在的觀念一致。

在一些早期的佛典中，例如《般舟三昧經》，作者運用一些與傳統中國，特別是儒家的社會倫理一致的觀念，警告讀者不要崇拜鬼與靈：

不得事餘道，不得拜於天，不得祠鬼神，不得視吉良日，不得調戲，不得慢恣有色想，不得有貪欲之心。[13]

在這裡我們應該可以清楚看到的是，這裡所說的「鬼神」專指惡鬼和惡靈，因為還有很多其他例子裡「鬼神」是積極正面的存在。

在《雜譬喻經》中一個有趣的例子涉及了交替使用「鬼」和「神」來指同一個靈體，顯示佛教的作者可以選擇使用這兩個詞來適應故事中的不同情況：

> 昔佛般泥洹去百年後，有阿育王愛樂佛法。國中有二萬比丘，王恆供養之。諸九十六種外道生嫉妒意，謀欲敗佛法。自共聚會思惟方便。中有一人善於幻化。便語眾人：「吾欲作幻，變惡鬼形索沙門，聞之必散亡。當知其不如，必來歸吾等道矣！」異道所奉神，名摩夷首羅，一頭四面八目八臂，諸鬼之最是可畏者。梵志即作是身，將諸醜鬼二百餘頭，洋洋行於國中。徐徐稍前至王宮門，一國男女莫不怖懼。王出迎之見大恐鬼，稽首問曰：「不審大神何所敕欲？」鬼語王言：「吾欲啖人。」王言：「不可爾也！」鬼曰：「若王惜人民者，國中有無益王者付我啖之。」

---

11 *T*8，no. 224，頁四三五c—四三六a。

12 關於「物」和「怪」概念的討論，請見：劉仲宇一九九七；杜正勝二〇〇一。關於「魅」的概念，請見：林富士二〇〇五。其他的研究還有：吳康一九九二；劉仲宇一九九七。

13 *T*13，no. 417，頁九〇一b。

王言：「無有也！」鬼言：「諸沙門等，亦不田作、亦不軍征、不臣屬王，此則無益者，付吾啖之。」[14]

重要的是，國王是用「大神／神」這樣的說法來指「大而可畏的鬼」，這可以詮釋為國王想對鬼表示禮敬，並安撫它。因此，這個用語背後的假設是鬼這種靈體在某些情況下也可以被稱為「神」。我們不知道原本梵文的用語，但這裡將「鬼」和「神」交替使用，可能是譯者有意為之的一種選擇。譯者似乎認為，基本上鬼和神的本質之間沒有不同，唯一差別是它們所擁有的能力。「神」比「鬼」更有能力。換句話說，對中國讀者來說，在這個故事中交替使用「鬼」和「神」，應該是相當熟悉和可以接受的。如此一來，翻譯的佛教典籍便與中國本土的觀念發生某些聯繫，並有助人們接受這些典籍。

佛教典籍中一個最常提到的人鬼是餓鬼，也就是生前因為淫蕩和貪心而死後在地獄受懲罰的人。佛典經常提到，諸多的邪惡或錯誤行為可以令一個人在死後變成餓鬼，因為這是佛教僧人想傳達給普通百姓最重要的信息之一。《佛說鬼問目連經》便是一個很好的例子，這是一部由著名的安息僧人安世高（約西元二世紀晚期）翻譯成中文的早期佛典。在經文中，目連菩薩解釋為什麼一個人死後會變成餓鬼。對犯了錯事的人的懲罰便是讓他成為餓鬼，在地獄忍受各種痛苦。[15]那些錯事大多是具體的行為或思想，以下一些例子便足以說明這種處罰機制的整體調性：

一鬼問言：「我一生以來，恆患頭痛，何罪所致？」目連答言：「汝為人時，好以杖打眾生頭。今受花報，果入地獄。」一鬼問言：「我一生已來，資財無量而樂著弊衣，何罪所致？」目連答言：「汝為人時，布施作福，還復悔惜。今受花報，果在地獄。」[16]

因此，餓鬼是一個概括性詞彙，用來指一群數目龐大的鬼，它們因為犯了不同的錯事而落入鬼的狀況，承受不同種類的苦難和艱困。處於永遠的飢餓狀況只不過是部分餓鬼要忍受的痛苦之一。

不過，把 *preta* 一詞翻譯成中文的「餓鬼」不是創新，而是採納了一種早在佛教傳入中國之前就已經存在的觀念。早在西元前三世紀，「餓鬼」「已經被列為能出現在人面前的一種常見鬼。在上面提到《日書》的《詰咎》這一章，有以下這段話：

凡鬼恆執匱以入人室，曰「氣（餼）我食」云，是是餓鬼。以屨投之，則止矣。[17]

14　*T* 4，no. 205，頁五〇二a。

15　佛教裡地獄（梵語：那落迦/Naraka/नरक，巴厘語：泥梨耶/Niraya/निरय）的概念在中文裡的字面意義為「地底下的監獄」。請見：Braarvig 2009。

16　*T* 17，no. 734，頁五三五。

17　睡虎地秦墓竹簡整理小組一九九〇，頁二一四。請見：Poo 1998，頁八〇。

這顯示出一個觀念：如果一個人死於飢餓，就可能變成餓鬼並不斷要求得到食物。但這種「餓鬼」和佛經中的「餓鬼」的一個重要區別是它的來源。作為對比，佛教的餓鬼落入這狀況是因為那人在世時犯了罪（貪心、貪吃、貪婪等），但《日書》的餓鬼原本沒有犯任何罪行也沒有道德缺失，只是因餓致死。佛教的餓鬼是對罪人的懲罰，《日書》的餓鬼則反映了那人死去變鬼前的狀況。結合我們已經在之前幾章中之所見，以及接下來進一步的討論，我們有證據支援這樣的觀點，即在佛教到來之前，中國人對鬼來源的流行觀念與任何強烈的道德或倫理價值觀沒有必要性的關係。

我們也需要留意，「鬼」這個字不是佛典譯者用來翻譯人鬼或靈體的唯一詞語。譬如魂這個字，它也經常用來指死人的鬼。在由南朝的慧簡（西元四二一－四七九年）翻譯的《佛說閻羅王五天使者經》中，佛陀說：「我見人死時魂神出生。」[18]理論上，當這個魂因為生前做錯事而墮入地獄，可以變為在地獄受苦的餓鬼之一。正如《佛說諫王經》所說：

> 佛告王曰：「王治當以正法，無失節度，常以慈心養育人民，所以得霸治。為國王者，皆由宿命行善所致，統理民事不可偏枉。諸公卿群寮下逮凡民皆有怨辭，王治行不平海內皆忿，身死魂神常入太山地獄，後雖悔之無所復及。王治國平正常以節度，臣民歎德四海歸心，天、龍、鬼神皆聞王善，死得上天後亦無悔。」[19]

這段經文有幾個有趣的地方值得留意。譯文在佛陀給國王的勸誡中似乎運用了傳統儒家的論述。如果國王不能成為好的統治者，他要去的地獄在太山（泰山），自從漢朝開始，中國人便知道這個地方是死人的鬼聚集之處。[20]這同樣是中國譯者的改編或增加，因為原來的印度典籍中不可能包括這個傳統。而且，「魂神」這個詞被用來指死人的鬼，並與「天龍鬼神」這寫靈體作成一種對比。這似乎表示對譯者來說，「魂」等同人鬼，而「天龍鬼神」則指一般的靈體。從「魂神」這個詞出現的上下文來看，我們也可以看到它指死人非物質性的靈魂，似乎是沒有鬼的惡意或能力。例如在《佛說阿難四事經》中有以下的一段文字：

> 人初來生，魂神空來，依因二親情欲之氣，以成己體……困極乃終，魂神不滅，復更求身。[21]

換句話說，「魂」這個字似乎是中性的，指人死後存在的狀態，而「鬼」則更可能聯繫到惡鬼，因為它有某些足以影響活人的行動或意圖。

由於在原來的梵文中，鬼和惡魔都有各自的意思，僅憑音譯可能不足以產生文本有時所需的效

18　*T*1，no. 43。

19　*T*14，no. 514，頁七八五，由南朝宋（四二〇—四七九）的沮渠京聲所翻譯。

20　關於泰山，除了經典的研究如顧炎武在《日知錄》中所做的開創性討論（顧炎武一九七〇，頁八七七），可參見 Chavannes 1910；酒井忠夫一九三七；劉增貴一九九七。

21　*T*14，no. 493。

果。除了在中文翻譯中最常見的餓鬼外，還有很多也被授予有意義的中文名稱。這些翻譯與餓鬼相似，各自代表不同的特性或能力，或善或惡。以下是幾個例子：厭禱鬼（翻譯自 *vitāla*）、奇臭鬼（翻譯自 *katapātana*）、厲鬼、捷疾鬼（*yaksa* 的另一個翻譯）、食精氣鬼（翻譯自 *ojohāra* 或 *ojāhāra*）等。即使沒有窮盡所有例子，也足以說明，在中國典籍中，譯者用「鬼」和「鬼神」這兩個詞來表達印度的鬼、神、靈或惡魔這些觀念，或者使用中文字作為拼音符號來音譯這些詞語。有時音譯的詞語加上「鬼」或「鬼神」，提醒讀者這些存有的性質。正如一般所知，這些典籍由不同譯者——有些是外國僧人，有些則是中國僧人，但往往是共譯——在很長的時間段內翻譯成中文。這解釋了為什麼這些辭彙翻譯成中文時並不成系統。不過，這些對鬼和靈的表達所翻譯出的集體效果卻產生了兩個這些譯者們可能都沒有預見的效果。一方面，他們使用「鬼」、「神」、「魂」這些中文字，可能讓讀者產生某種熟悉感，因此可以與這種新的信仰系統生出聯繫；另一方面，對鬼和靈的名字使用音譯的方式來翻譯，則保留了某種神秘的異國氛圍，與翻譯成中文的一些咒語相似，可以產生一種對佛典敬畏和尊重的感覺。最終，這些用語，例如餓鬼、夜叉或羅剎，也都逐漸成為中文日常用語的一部分。

二、早期佛教對鬼的降伏

討論過佛教典籍中與「鬼」這個概念有關的翻譯問題後，我們可以看到，這些新來的佛典為中國的思想世界引入一些新元素；如果我們可以提出一個十分概括性的觀察，可以說其目的在於告訴讀者，佛教信仰的力量足以控制所有這些惡鬼和惡魔，正如在各種修行活動中所顯示的那樣。這些控制或馴服鬼的能力，對佛教的提倡者來說，是進入中國社會並在民眾的宗教生活中爭取合法性的一個理據。為達成這個目的，那些在佛經以外由中國作者以中文寫來宣揚佛教的文本，就推動佛教使社會大眾接受而言，也扮演一些重要的功能。由於這些文本不只限於熟習佛教的信徒和僧人這些圈內人士，它們在社會上更廣為流傳，並流行於可能與佛教還不太熟悉的知識分子圈子裡。其長遠效果是令一般受過教育的民眾透過故事和軼事，而與佛教僧人的活動有更多接觸。最終，在收集、講述和流傳故事的過程中，這些著作帶有的訊息會被更多的受眾吸收，在社會中形成一股往復不已的循環。

當然，在這樣的循環過程中，佛教的觀念會接觸到例如道教和其他的民間本地信仰，引致相互影響和借鑒，甚至帶來競爭或對抗。我們可以看到，在問到哪個信仰更加強大時，需要提供出具體的證據以顯示這些信仰的能力，令人們相信某一個信仰比其他信仰更可靠。從各種宣教的文本中，我們可以推斷出佛教僧人在接觸中國人時用來驅除鬼和惡魔的方式。這些方式基本上可以分為幾種：（一）借著呼喚佛陀和菩薩的名字來禮拜佛陀和菩薩，或是背誦佛經中的驅鬼咒語；（二）使用法器或實行一些儀式；以及（三）有大智慧並掌握佛法的僧人可以體現佛陀本人的能力，以他們的現身來驅走惡鬼。所有這些都需要為世人檢驗、證明其效力。除了靠口碑外，傳達佛教信念的方法是透過向社會所有階層傳播故事，並且把那些故事包含在一些文本之中。我們應該要能認出這些文本有宣教傳經的意圖。

頌佛號、唱佛經

眾所周知，念頌佛陀和菩薩的名字是中國佛教最常用的修行方式。例如，中國佛教最重要的一本典籍《法華經》向讀者明述，借著觀世音菩薩的法力，無處不在的鬼和惡魔都可以被制止：

> 設族姓子，此三千大千世界滿中諸鬼神，眾邪逆魅欲來嬈人，一心稱呼光世音名，自然為伏不能妄犯，惡心不生不得邪觀。[22]

至於早期佛教典籍中提到的驅鬼儀式，施咒在早期佛教裡似乎是已經發展完備的做法。[23]眾所周知，著名僧人佛圖澄（死於三四八年）能夠誦咒來控制鬼和靈。[24]另一個僧人曇無讖（Dharmakṣema，西元三八五—四三三年）也被認為具有驅鬼的超能力：

> 讖嘗告蒙遜云：「有鬼入聚落，必多災疫……宜潔誠齋戒神咒驅之。」乃讀咒三日，謂遜曰：「鬼已去矣。」時境首有見鬼者云，見數百疫鬼奔驟而逝。[25]

佛教典籍中無處不在的「偈」（梵文 *gatha*，或押韻的聖歌）雖然是傳遞佛法的工具，但也往往用作驅鬼咒語。此外，一般的佛教典籍通常也被視為有法力，可以用來驅趕鬼和靈。[26]

使法器、辦法會

除了頌佛號唱佛經，還有更多的物質途徑來達到類似的目的。例如，使自己保持潔淨就可以有效防止鬼與靈的攻擊。[27]信徒也可以依靠某些法器來阻止鬼與靈的侵擾：「若男子、若女人，持摩尼珠著其身上，鬼神即走去；若中熱，持摩尼珠著身上，其熱即除去。」[28]摩尼珠的作用很像早期佛經中所說的「除煩惱、消惡業」的念珠。[29]

僧為法身

同時，佛法精進的僧人即使不施咒，也能僅憑自己的現身就驅走惡鬼：

---

22 *T* 9，no. 263，頁一二八。

23 Kieschnick 1997，頁八四—八七。

24 《高僧傳》，*T* 50，no. 2059，頁三八三。

25 《高僧傳》，*T* 50，no. 2059，頁三三六。

26 Kieschnick 1997，頁九〇—九二。

27 *T* 8，no. 224，頁四三五c。

28 *T* 8，no. 224，頁四三五c。

29 Kieschnick 2003，頁一一八起。

儀同蘭陵蕭思話婦劉氏疾病。恆見鬼來吁可駭畏。時迎嚴說法。嚴始到外堂。劉氏便見群鬼迸散。[30]

而且，僧人本身被認為擁有驅鬼的法力，因為誦經和持咒變成了一種內化了的能力，因此是僧人本質的一部分。因此，高僧只需要在鬼面前出現，便可以嚇阻它們，打斷它們正在犯下的惡行。一個關於僧人法朗（約六世紀下半葉）的故事頗為生動地說明這點：

有比丘尼為鬼所著，超悟玄解，說辯經文。居宗講導，聽采雲合，皆不測也，莫不贊其聰悟。朗聞曰：「此邪鬼所加，何有正理？須後檢校。」他日清旦，猴犬前行，徑至尼寺。朗往到禮佛，繞塔至講堂前，尼猶講說。朗乃厲聲呵曰：「小婢，吾今既來，何不下座？」此尼承聲崩下走出，堂前立對於朗，從卯至申卓不移處，通汗流地默無言說。聞其慧解奄若聾癡，百日已後方復本性。[31]

人們最初以為被鬼附的比丘尼是聰悟的佛門弟子，這顯示出她周圍的人不知道怎樣區分「正道」和「邪道」。我們可以假設，故事的目的是要顯示法朗的能力，他擁有真正的佛法智慧，優勝於那鬼虛弄假造的智慧。不過，這個故事無意中透露的是，當佛教進入中國社會時，一般人並非總能搞清楚「正道」應該為何。某程度上而言，這個故事象徵了佛教在進入中國的過程中所遇到的困難。一個成功的故事可能是許多失敗嘗試的結果。

三、與在地信仰系統的競爭

因此，當早期佛教僧人嘗試在中國社會中被人們所接受時，僅顯示他們有能力驅除鬼和邪靈遠遠不夠。他們還需要證明他們的能力大過那些本地宗教信仰的能力，其中就包含道教。以僧人道仙（約五世紀末至六世紀初期）的故事作為例子：

> 時遭酷旱，百姓請祈。仙即往龍穴，以杖叩門，數曰：「眾生何為嗜睡如此？」語已登即，玄雲四合，大雨滂注。民賴斯澤，咸來禱賽，欽若天神。[32]

這則故事顯示，這位僧人不僅可以控制當地的神靈（龍），而且還利用當地的宗教儀式來提升自己的聲譽。也就是說，為了獲得民眾的信仰，僧人們需要允許那些邪靈存在，甚至與它們合作。對於當地

30 《高僧傳》，*T*50，no. 2059，頁三三九b。
31 *T*50，no. 2064，頁九八一。
32 *T*50，no. 2064，頁九七七。

人來說，我們不能認為他們已經放棄了龍能下雨的信仰，但他們又確實承認，僧侶們擁有更強的力量來指揮龍。

有時故事會透過講述僧人和道士之間的直接競爭和對抗，來顯示佛教的能力。依照南陳時期（西元五五七—五八九年）慧思的傳記記載，他因精通佛法而聞名，引致當地的道士妒忌他在百姓中間的成功。他們秘密地向皇帝告發慧思，指控他是來自北方敵國北齊的僧人，密謀對付陳朝。但慧思的法力足以令陳朝的皇帝完全相信他的正直，這最終令那些道士失敗。[33]當然，我們不需要相信這個故事是否為真才能意識到，佛教和道教之間的競爭不僅真實存在，並且還可能非常惡毒。

除了佛教徒自己在典籍和傳記中寫到僧人有能力整治鬼和靈，還有很豐富的相關文學作品，其中大部分以故事集的形式出現，由佛教信徒撰寫或編纂，用以宣揚佛法。這些故事集屬於我們在前幾章就談過的《志怪》的一部分。在這些有佛教傾向的著作中，我們也可以看到道教徒和佛教皈依者之間的競爭。在一本稱為《述異記》的故事集中有以下這個故事：

> 宋時豫章胡庇之，嘗為武昌郡丞。宋元嘉二十六年入廨中，便有鬼怪中宵籠月。戶牖少開，有人倚定居外，狀似小兒。戶閉，便聞人行如著木聲。看則無所見。如此甚數。二十八年三月，舉家悉得時病。空中語擲瓦石或是乾土。……乃請道人齋戒，竟夜轉經。倍來如雨，唯不著道人及經卷而已。……庇之迎祭酒上章，施符驅逐，漸復歇絕。至二十九年，鬼復來，劇於前。……〔另一鬼云：〕「是沈公所為。此廨本是沈宅，因來看宅，聊復語擲狡獪。忽君攘卻太過，乃至罵

詈，令婢使無禮向之，復令祭酒上章苦罪狀之。事徹天曹。沈今上天言：『君是佛三歸弟子，那不從佛家請福，乃使祭酒上章？自今唯願專意奉法，不須興惡，鬼當相困。』」[34]

這段頗為長篇而且複雜的鬼擾人記述，充分顯示出在宗教競爭時期人們的宗教心態。其中佛教和道教的關係相當有意思。這則故事清楚地表明，佛教的信徒在解決鬼攻擊人這個問題時，也可能跟隨其他形式的信仰。表面看來，由於胡庇之被敦促要專注於對佛法的真誠，這似乎暗示了佛教比道教更強大。但故事沒有否認道士劾鬼的能力，也沒有明確否定道教的儀式。相反，它承認了道教儀式在向天庭發出祈求（祭酒上章）的有效性，因為天庭接受道士的祈求。不過，在這道教的天庭，胡庇之無力對抗沈公的鬼，後者指控他舉行的驅鬼儀式太苛刻。換句話說，胡庇之的驅鬼行動實際上是有效的，以致鬼向天庭投訴。結果天庭同情鬼，導致第二個鬼，也就是天庭的使者，指示胡庇之回到佛教那裡尋求庇護。因為如果他不聽從勸告，便會再次被鬼騷擾。因此佛教和道教似乎是兩股對抗的力量，各自保護自己真正的追隨者。我們可以推測，由於這個故事收錄在唐朝的佛教百科全書《法苑珠林》中，它當時一定被視為可以傳揚佛教確實有效的故事。但透過我們的閱讀後顯示，即使編寫這個故事的本意是幫助人們皈依佛教，但它卻在無意中揭示了當時的宗教環境。正是因為同時承認了道教和佛

33　T 50，no. 2064，頁九七六。
34　魯迅一九八六，頁一八一。

教驅鬼的能力，而不是直接支持一方而否定另一方，我們因此可以察覺當時人們宗教心態的現實。當然，我們並不缺少明確支持佛教立場的證據，譬如在《冥祥記》這樣的著作中就可以找到。[35]在以下的例子，我們可以明確看到哪一個宗教更有力量：

史俊有學識，奉道而慢佛。常語人云：「佛是小神，不足事耳。」每見尊像，恆輕誚之。後因病腳攣。種種祈福，都無效驗。其友人趙文謂曰：「經道福中，佛福第一。可試造觀音像。」俊以病急，如言灌像。像成，夢觀音，遂差。[36]

我們應該留意，在佛教中對鬼的來源和驅鬼方法的不同資料，也可以有不同的解釋和詮釋。在佛經中可以看到對鬼來源的更細緻解釋，如下引《佛說普門品經》的例子所示：

案內觀歷鬼神從何興也？其內鬼神若干百千之眾，其外亦然。內不發恐懼，外則無畏。其內不悲哀，外則不淚出。內發鬼神之想，外有若干百千鬼神之眾；皆來歸之，緣此致病或至死亡，受無數苦。皆由邪心不正故也。菩薩大士覺知虛無，無鬼神，一切從心意起。[37]

我們因此可見，這種對自己內心決心和啟示的力量的解釋，與前一章所講的道家內在修行頗為相似，只不過在這種特殊情況下，鬼與靈被看作是心的幻象，而不是「真實」的。不過，在面對社會一般人時，訴諸對個人內在自我的哲學反思，很可能不是令人皈依信仰的有效方法。因此，人們所選擇更直接而且更容易理解的方法，就是將佛教說成是人們可以倚賴的神力。事實上，借由一位名叫竺道爽的僧人撰寫的一篇文章，可以顯示佛教徒是怎樣嘗試運用在地流行的信仰觀念來展示佛教的能力。作為活躍於宋代（西元四二〇—四七九年）的一位博學人士，他曾以模仿帝王討伐敵人的文體寫成〈檄太山文〉。在此文中他的基本論述是，那些民間所信仰的神祇，包括那些在泰山的神祇，都不是真神，而是各種邪鬼、惡魔和物怪的化身：

> 夫自稱山嶽神者，必是蟒蛇。自稱江海神者，必是黿鼉魚鱉。自稱天地父母神者，必是貓狸野獸。自稱將軍神者，必是熊羆虎豹。自稱仕人神者，必是猨猴㹫玃；自稱宅舍神者，必是犬羊豬犢，門戶井灶，破器之屬。鬼魅假形，皆稱為神。驚恐萬姓，淫鬼之氣。此皆經之所載，傳之明驗也。[38]

我們可以看到竺道爽的觀念和傳統中國對鬼和惡魔來源的觀念十分相似，這些觀念自從西元前三世紀

35　Campany 2012。
36　魯迅一九八六，頁四三八。
37　*T* 11，no. 315a，頁七七二。
38　嚴可均一九八二，第六冊，卷六四，頁一—三。

已經存在，並且可見於《日書》。他進一步向太山東嶽神府及都錄使者宣告，祂是個假神，僅僅只是個小鬼：

> 汝是小鬼。敢觸三光，鶴毛入炭，魚行鑊湯。傾江滅火，朝露見陽。吾念仁慈，愍汝所行，占此危殆，慮即傷心。速在吾前，復汝本形，長歸萬里，滄浪海邊，勿復稽留。明順奉行。39

不服從他命令的結果是被佛教的神和神兵消滅。有趣的地方是竺道爽對本土信仰的攻擊並沒有否認這些鬼與靈的存在，沒有如上述《佛說普門品經》所解釋的那樣指它們只是幻象。相反，他運用了關於動物靈來源的在地觀念，即稱這些動物靈為「物怪」的中國習俗，以此來解釋為什麼這些地方性的神祇是假神。這個例子再次讓我們看到佛教僧人所參與論戰的性質。一方面，他們需要表現出他們比道士更優勝的能力；另一方面，他們也需要承認廣泛群眾中關於鬼與靈來源的那些傳統世界觀。如果不先承認這些信仰存在，他們便很難與大眾展開對話，讓這些人開始明白他們。

四、比較佛教中鬼的起源

我們在本書前幾章的前佛教時期文獻中討論了中國鬼的來源。大致來說，顯現於人前的鬼通常源自那些強死、被不公殺害，或得不到適當葬禮的人。換句話說，雖然人人死後都會變成鬼，但只有那些在陽間仍有未盡之事——無論是好事還是壞事——的鬼才會回來騷擾人。

根據同樣精神，我們在前一章裡見到的早期道教典籍中提到的很多人鬼，都是在不同情況下死去的人的鬼，例如暴力、意外、疾病甚至只是衰老。我們可以因此推論，這些鬼之所以為鬼，常見的原因不是因為本身的性格或行為，而是因為它們的生活狀況，有些比其他人的更悲慘，導致了它們的死亡。上一章《太上正一咒鬼經》所節錄的各種鬼名單的例子最有力地說明了這種情況。

與佛教的鬼來源，特別是餓鬼的觀念相比，我們可以認為，一般來說，佛教的鬼源自道德敗壞的人。一個人之所以成為鬼就是因為道德欠缺，例如貪心、妒忌、愛擺布、吝嗇、諂媚或欺詐等，而受懲罰。道教繼承了早期中國的觀念，認為只有那些不自然或不合時地死去——例如不公、意外、疾病或是戰爭——的人才會回來陽間纏擾活人。那些纏擾人的鬼可能會做邪事，也可能不會。可以肯定的一點是，它們並沒有僅僅因為自己在世的時候道德缺陷而成為惡鬼。它們若有任何的邪惡行為，都源自對它們所承受的冤枉進行報復的渴望。雖然佛道都堅持在世界上伸張正義，道教的鬼的行為反映它們在陽間承受的不公平；佛教的鬼的行為則反映出它們本身所造成的惡行或不義行為。在這裡，我們可以看到佛教和道教之間一個很重大的區別，不是透過它們所提倡的教義，而只需要看看它們對鬼來源的不同觀點。

佛教和道教對鬼起源的理解不同，也是區分它們所採取不同傳教策略的一個重要因素。佛教利用

39　嚴可均一九八二，第六冊，卷六四，頁一—三。

地獄中受苦的鬼的這個觀念來鼓勵人們依從正道，過公正的生活，以免墮入這種悲慘的境地。另一方面，道教運用報復的鬼的這個觀念來說服人們在驅除鬼時服從道士的帶領。在勸說的過程中，兩者都不得不對現存流行的鬼觀念作出一些妥協。正是借著容許鬼存在的在地觀念——無論是透過將各種靈體和惡魔翻譯為「鬼」，或是透過與在地的宗教信仰發生對話——佛教才得以將前佛教時期的中國鬼吸收到它的系統中，這個系統才因此可以被視為「中國的佛教」。另一方面，佛教和道教的重疊之處即在於向在地的鬼觀念妥協，這一重疊將成為佛教與道教共用的立場，這也為後世「民間信仰」的發展奠定了基礎。

第七章

比較研究視野下的中國鬼現象

一個鬼故事只有在敘述者設法說服她的聽眾停止懷疑時才能成功，即便只是暫時的……一個恰當構建的故事將提供對現實世界信仰體系的一瞥，因為它會遵守類似於真實世界的規則。[1]

在本研究開始時，我們簡要提到了在不同的古代社會中有關人死後存在的想法。雖然有些差異，大多數社會對這類存在都有類似的想像，為了方便起見，我們使用「鬼」這個詞來指代這個存在。

正如第一章所討論的，我們將鬼視為一種文化建構，但它們也協助構建它們所屬的文化景觀。鬼雖然是一種想像的存在，但如果沒有它們，世界就不完整。有關生命的一些最重要的訊息和最深刻的反思，是通過鬼的作用來完成的。無論是文學文本還是宗教文獻，對鬼的性質和行為的描述都有助於我們追蹤和識別這些訊息和反思。這些反思可以理解為對倫理或道德價值觀或正義公平的評論。它們還可以表達個人的具體不滿，或對世俗事務的評論，而它們往往都避不開對生命的熱愛或對死亡的反省這樣的主題。儘管這些反思通常都可以在許多文化中找到並適用於這些文化，但它們的具體背景決定了它們是如何形成的。因此，每種文化都會根據自己的喜好構建自己的鬼類型。通過研究這些並相互比較，我們可以更深入地挖掘文化心理，對每種文化獨特性的某些方面有所瞭解，並通過對不同文化的共同價值觀的確認，在人類共同的背景下進一步理解這種獨特性。

前幾章追溯了早期中國鬼文化的發展，包括鬼的概念、鬼人關係、鬼在日常生活和文學中的作

1　Johnston 1999，頁四。

用，當然還有鬼作為信仰體系的一部分，無論這個信仰系統是道教、佛教，或所謂民間或普遍的信仰。在文字記載方面，鬼早在甲骨文中就受到關注。鬼在當時被認為是給人們帶來痛苦和疾病的惡靈。這種惡鬼形象，無論是尋求正義的復仇之靈，還是一心要給人帶來痛苦的頑皮鬼，還是尋找安息之所心懷不滿的遊魂，都在隨後的文獻中不斷出現，形成了一條傳達鬼觀念的主要線索。如同研究材料顯示，雖然人們普遍認為鬼是惡毒的，但大多數時候，鬼帶來的麻煩是可以通過某種方式解決的。也就是說，作為邪靈，鬼確實可以引起恐懼，但當鬼來襲時，人們並沒有絕望或放棄。驅鬼的方法或儀式行為就是人們為了解決鬼引起的問題而採取的手段。當然，這並不是說人不怕鬼。睡虎地《日書》中的驅鬼文書或《漢書．藝文志》中記載的驅鬼文獻等驅鬼手冊的存在，以及王充等學者的著作，都證明了驅鬼是當時社會的普遍現象。可以說，人們學會了怎麼與鬼相處，因為鬼的出現被一般人視為生活中的事實。

我們同時還需記住，關於鬼的討論，大多是在宗教信仰活動本身就是日常生活的一部分這樣的社會背景下進行的。關於鬼的記載並不是一個孤立的現象，而是整個宗教環境的一部分。相信各種神靈的存在可以影響人類的生活，以及信仰祖靈的祝福或詛咒，都是宗教、文化和思想環境的一部分，在這個環境下鬼觀念得以依存。

當人們認為鬼是導致活人會面臨的某些問題的根源時，他們往往會試圖找出鬼出現的原因，並採取必要的措施來改善這種情況。如上所述，這些措施可能包括各種安撫鬼的祭祀儀式，或驅逐鬼的驅鬼舉措。如果鬼的類型能辨認出來，鬼出現的原因通常屬於「糾錯」的範疇；也就是說，生者認為死者對自己的存在狀況或死因不滿意，並對它們的冤屈要求一定的補償。這反映了生者的倫理關切，也許是出於群體意識，即人們不應該帶著遺憾死去或遭受不公正待遇。另一方面，根據研究材料，我們也注意到，並非所有鬼都被認為是惡意的。尤其是在文學文獻中，作為創造戲劇效果的敘事的一部分，鬼就像活人一樣，可以被描述為具有複雜的情感，並且可能有出格但並不總是惡意的行為。我們稱之為鬼的「人性化」傾向。當然，有人可能會懷疑，這種對鬼的文學表現，能在多大程度上體現故事的作者或讀者的宗教信仰。總的來說，我們可以區分兩種類型的鬼敘事：一種是包含在宗教文本中的，而另一種是包含在文學文本中的。這兩種文本中的鬼可以發揮不同的作用，體現出對人鬼關係的不同理解。兩者都可以向我們揭示產生它們的文化和宗教環境的某些觀點。對鬼的描寫，如果我們大膽假設的話，可以理解為對生人與死者之間關係的一種評論。

關於鬼敘事存在於哪一種文化和宗教環境裡，我們也應該認識到，受過教育的精英階層往往會聲稱他們不相信鬼的存在。但這並不意味著他們不尊重或無法容忍一般民眾的信仰。事實上，大多數時候，正是知識分子在社會中發揮了重要作用，保存了關於鬼的傳統、記憶和傳說。正是知識分子，或者至少是有一定文化水準的人，編寫了驅鬼的文書、護墓的法咒以及鬼故事，更不用說史書、道教文獻和佛教典籍中關於鬼的無數記載。畢竟，人們對鬼的信仰程度各有不同，因為沒有人有絕對的信心宣稱鬼不存在，甚至孔子也沒有辦法。那麼，我們就有一些關鍵問題得提出，包括以下這些：誰提倡或支持鬼的概念？誰在鬼這件事上有權威？這對信仰體系的文化和性質有何影響？簡而言之，我們需要考慮關於鬼的文獻來源與其目標受眾之間的權力關係問題。

如果我們遵從文獻所揭示的信息，說創造這些文獻的人就是鬼觀念的推動者，應不會太離譜，因為這些文獻之所以被寫出來是有目的的，無論這個目的是否被明示出來。這些文獻的作者還創造了對鬼有權威力的環境和人物：驅鬼儀式、儀式的執行者和咒語的詠誦者。這並不是說知識分子寫的鬼只是文學創作，與老百姓的心理和現實無關。與「民間信仰」的問題一樣，我們對普通人所思所為的瞭解，大多基於文人創作出來的材料。但我們可以大致上肯定，根據讀出「無心證據」的原則，關於鬼的文字表述可以反映出社會上普通人信仰的要旨。[2]這是因為，一個關於鬼的故事或敘述，如果不與當時普遍接受的那些觀點——關於鬼是什麼、鬼應該是什麼模樣，以及鬼會如何行為——有一定程度的重疊，就那它不可能讓觀眾信服。莎拉・I・約翰斯頓（Sara I. Johnston）關於古希臘鬼的觀點也證實了這一觀點：

> 一個鬼故事只有在敘述者設法說服他的聽眾停止懷疑時才能成功，即便只是暫時的……一個恰當構建的故事，將提供對現實世界信仰體系的一瞥，因為它會遵守類似於真實世界的規則。[3]

我們是否可以合理地依賴現有證據來構建鬼概念演變的歷史，特別是鬼與人的關係？這個問題必須取決於對研究資料來源的仔細評估。以古希臘的鬼為例，約翰斯頓（Johnston）認為，荷馬史詩中的希臘人並沒有召喚鬼回到人間來報仇或幫助生者的想法。死者或鬼既無能為力又被動，它們永遠不能被召喚回到這個世界，除非是它們自願出現在生者面前的特殊情況，比如帕特羅克洛斯（Patroclus）的鬼出現在阿基里斯（Achilles）面前。這種情況是否可以解釋為只是因為荷馬史詩中沒有直接提到，但當時社會上仍然有召鬼的行為，這還需要通過更詳細地研究荷馬才能確定。正如約翰斯頓所言，如果荷馬知道當時有召鬼之術，卻故意在他的詩中如此徹底地壓制這種常識，這樣的結果令人很難想像。根據約翰斯頓的看法，承認荷馬的時代根本沒有召喚鬼的習俗是更合理的。一直要到西元前五世紀的文學作品中，召喚鬼才成為一種普遍現象。[4]另一位學者認為，荷馬史詩中的鬼是被動的，而在西元前五世紀，隨著古希臘文化的快速發展，鬼才變得更加「真實」；亦即，它們開始積極參與生人事務，無論是出於善或惡的目的。[5]這樣的解釋指出了古希臘鬼觀念發展的一個趨勢，也就是從一個較模糊不定暗影般存在的描寫，發展到一個更加生動和個性化的形象，這足以與中國的情況相比，尤其在《志怪》中一批形象更加「人性化」的鬼逐漸被鑄造出來。

然而就總體而言，所有這些鬼故事對於我們理解人性究竟有何啟示？要回答這個問題，我們需要查看多種案例。我們認為，人們如何解釋鬼出現的原因，可能正是人鬼關係的核心問題。找到解釋，人們才可以接著採取各種措施來對付鬼。因此，確定每種文化中對鬼之所以會出現的解釋至關重要。

---

2 Poo 1998，第一章。

3 Johnston 1999，頁四。

4 Johnston 1999，頁三〇—三五。

5 Finucane 1996，頁四—五。

正是鬼觀念與社會的相互作用關係，以及圍繞這種關係而發展起來的文化建構，才能揭示這個文化的特殊特徵、氣質、道德推力和對陰間的想像。歸根結柢，本研究旨在比較的，正是鬼觀念在各個文化和社會中的作用。

我們在第一章中提到了古代美索不達米亞人的死者靈魂或鬼概念，即伊坦姆（*etemmu*）。也曾提到有一個說法，伊坦姆在人死時會被釋放，而所有的伊坦姆都將進入死者的地下世界。因此我們可以推測，去了那裡的鬼就再也回不來這個世界了。根據著名的詩作《伊什塔爾下冥界》（*Descent of Ishtar to the Netherworld*）：

去到冥界，〔不歸之〕地，
伊什塔爾，罪惡之女兒，〔已下〕定決心。
的確，罪惡之女兒確實下定了〔她的〕決心。
去到陰暗的房子，冥〔界〕的座位，
去到進來之人無法離開的房子，
去到旅程不可歸的道路，
去到進入之人都會失去光明的房子，
在那裡他們以塵土為生，以泥土為食。
他們見不著光，只能蝸居在黑暗中，

> 他們像飛鳥一樣，穿上翅膀當衣裳，
> 而灰塵已經聚集在門戶和門栓上。[6]

這個冥界的描述確實很慘澹。然而，我們或許應該將這段文字更多地看作是對荒涼的冥界的文學性和戲劇性表達，而不是對冥界性質或死者宿命的嚴肅討論。[7]正如其他文本所揭示的那樣，鬼實際上經常回到陽間並為生者帶來麻煩。[8]以下為一段法咒：

> 降臨在我身上的鬼，不斷騷擾我，
> 而且從白天到〔黑〕夜〔不離開我〕，
> 可能是陌生者的鬼，
> 可能是被遺忘的鬼，
> 可能是無名的鬼，
> 可能是無人供奉的鬼，

6　Foster 1996，頁四〇三。
7　Jacobsen 1976，頁五二、六七。
8　Bottéro 1983。

可能是〔沒人呼喚其名〕的人的鬼，
可能是被武器殺死的人的鬼，
可能是因罪欺神而死的人的鬼
或因罪叛王，
將它〔安置〕由〔其家人的鬼來照顧〕，
願它接受這些並讓我自由！[9]

這個咒語向我們暗示了一般人能想像出來的鬼出現的原因。似乎那些沒有被銘記、沒有得到適當的食物或祈禱的鬼會給生者帶來麻煩，而那些死於戰場、沒有得到安葬，或因為犯罪被處決的人也容易出現在生者面前。[10]這個咒語的基本原理是通過將鬼交由其家人照顧來改善情況，也就是提供它適當的葬禮和供品。這種對鬼顯靈原因的理解，似乎與包括中國在內的許多其他地方的例子一致。古代美索不達米亞案例的有趣之處在於，一些咒語以第二人稱來稱呼鬼：

哦，死去的人啊，你為什麼一直出現在我面前，
這些他們的城市已經變成廢墟的人們，
這些人他們自己不過是些骨頭？
我不去庫達（Cutha）〔即地獄之王訥爾嘎爾（Nergal）的宗教中心城市〕，在那裡鬼聚集，

即便被女王阿巴圖（Abatu）和埃雷什基嘎爾（Ereshkigal）召喚，
被寧格什蒂南娜（Ningeshtinanna），眾神的文書員〔召喚〕
她的手寫筆是青金石和紅玉髓！[11]

因此，死人的鬼是不受歡迎的。然而，家族成員的鬼可能並不讓他們害怕，甚至可以被召喚來幫助他們仍在人間的後代：

哦，我家的鬼，墳墓裡的祖先啊，
我的父親，我的祖父，我的母親，我的祖母，我的兄弟，我的妹妹
我的家人，親朋好友，各個在陰間沉睡的人，
我已完成我的葬儀祭供
我獻水給您們，我珍惜您們
我給與您們榮耀，我給與您們榮譽。

9　Foster 1996，頁八五八。
10　Bottéro 2001，頁一一〇；Cooper 2009。
11　Foster 1996，頁八五九。

今天站在太陽神和吉爾伽美什（Gilgamesh）面前，
裁定我案，作出我的判決！
交由命運，冥界的使者，
存在於我的身體、肉體和肌腱中的邪惡！[12]

這裡有一個基本假設，即認為鬼不是無能為力和陰暗的存在，而是具有一定的力量和能力來參與活人的事務。相較於下面將要討論古埃及的《致死者的書信》，我們會看到與死去的家族成員交流的願望其實一點也不稀奇。

因此，關於鬼在古代美索不達米亞宗教中的作用，我們可以挑出幾點：鬼出現的原因表明了對生者與死者之間儀節的關注。也就是說，無論是否從家族的角度來看，妥善照顧死者都被視為共同的責任。因此，重要的是要為死者安排適當的葬禮，定期提供葬禮，鬼才能得到滿足。鬼的出現主要是警告或提醒社會上的不公正現象——尤其是當鬼還在世時對它們所造成的不公正。總之，人們認為死者的鬼總是帶著惡意出現，因為它們本不應該出現在生者面前。當它們真的出現時，這意味著生者與死者之間理想的平衡關係出現了問題。如上所述，有時它們也可能被召喚現身並幫助它們的家人，而這在其他人看來則可能是惡意的。然而，除此之外，鬼並沒有廣泛地參與到人類事務之中，也沒有演變成具有複雜倫理價值的集體存在。不同於對神明的崇拜以及相信人的命運絕對服從於神的意志，[13]把鬼的本質基本上想像成陰間暗影般的存在，或出現在生者面前時的惡意存有，這似乎限制了鬼的概念的「發展」，不把它們當作古代美索不達米亞宗教文化中更活躍的參與者。它們的功能因此可以被認為是相當的邊緣化，而且它們在古代美索不達米亞宗教中的地位很大程度上被眾多神靈的各種特性所掩蓋。當然，由於證據有限，我們對古代美索不達米亞鬼觀念的理解只能是暫時的。[14]

與古代美索不達米亞人不同，古埃及的鬼概念看起來相當複雜。正如我們在第一章中稍微提及，對古埃及宗教的研究普遍承認死者存在三種不同的「靈魂」：卡（讀音「*ka*」）、巴（「*ba*」）和阿赫（「*akh*」）。與古代美索不達米亞人不同的是，這些死者的靈魂不是來自任何神靈，而是構成人的元素的一部分。它們在人死時從身體中釋放出來，每個都有自己的功能。例如，巴在人活著時保護人，並且可能代表墳墓中身體的靈魂或精神。[15]有時當一個人極度激動時，他的巴就會離開身體。例如在著名的辛努海（Sinuhe）故事中，當逃亡中的辛努海被允許覲見國王時，他非常地激動：「我就像一個被黑暗抓住的人。我的巴離我而去，我的四肢顫抖，我的心不在我的身體裡，我無法分辨生或死。」[16]有趣的是，這段對巴離開身體的描述非常符合中國人「魂」的概念，即當可怕的事情發生時，魂會被嚇離人體。也就是說，當這個人還「在世」時，巴或魂就有可能會離開身體。當然，我們還一

12　Cooper 2009，頁二六。

13　關於將神祇視為統治者這一議題的解釋，請見：Jacobsen 1976；Bottéro 2001。

14　Bottéro 2001，頁一〇五—一一〇。

15　關於巴概念的研究專著，請見：Žabkar 1968。

16　Lichtheim 1973，頁二二二。

定需要注意的是，我們得將文學中對巴概念的誇大或隱喻，與實際的宗教信仰區分開來。但實際上人們習慣使用宗教概念中的內容作為隱喻和文學表達的材料。[17]至於卡，因為它在墓葬裡的供品室中有卡雕像的形象，所以似乎可以理解為就是死者本人，並能對其所有的行為、舉止、能力和成就負責。此外，卡還負責墳墓中死者的生計問題，因為它可以接受供品室中的供品。此外，卡這個詞在詞源上與「生命維持」和「生命力」的意涵有關。在揚・阿斯曼（Jan Assmann）對人死後各種元素概念的研究中，他仔細區分了巴和卡：「巴屬於死者的身體領域，負責死者的動作和採取任何形式的能力，而卡屬於死者的社會領域，負責死者的地位、榮譽和尊嚴。」[18]儘管阿斯曼沒有將巴和卡稱為「鬼」，但這種區分對於理解古埃及人死後存在的概念依然可以具有普遍意義。然而，我們依舊很好奇古埃及人實際上能在巴和卡之間做出多少有意義的區分。例如，在《普塔霍特普的箴言》（*Instruction of Ptahhotep*）中，我們發現以下幾個句子：

> 貴族，當他食物不足時，會按照他的卡的命令列事。
>
> ……
>
> 不要誹謗任何人，無論大小，卡憎惡這樣。
>
> ……
>
> 如果你是一個有價值的人，並因神的恩典生下一個兒子，……他是你的兒子，你的卡生下了他。[19]

在這裡有關卡的所有用法中，上下文已經清楚地表明，前兩處的卡可以合理地理解為「思想」或「性格」，而第三個卡，即生下兒子的卡，既可以理解為「身體」也可以理解為「精神」。這裡所有三個對卡的引用都出現在同一個文學文本中，並且在這個人還活著的情況下；因此，我們可能不應該以葬禮文本中出現的那種方式來理解它們。我們也很難區分厭惡不正當行為的卡，和被極端危險嚇跑的巴二者之間的差別。兩者似乎都是對應不愉快或危險的外部情況而作出反應。在一篇非同尋常的文獻〈一個人和他的巴之間的爭執〉中，巴代表了一種有意識的思想，可以成體系地說明道德判斷和邏輯論證。[20]在這裡，我們幾乎再一次地無法辨認這個巴和《普塔霍特普的箴言》中那個厭惡不當行為的卡有何區別。

正如第一章所提到，阿赫是死者的另一種靈魂，也被認為是最接近鬼的概念。據我們所知，儘管將這樣一個虛幻的詞彙翻譯成現代用語有相當的困難，但可以將阿赫理解為「發光的靈體」或「幻化而來的祖靈」。[21]作為先祖中一員的阿赫，可以身處遠方，加入祖靈的行列，甚至與神靈對話。因此，阿赫可以離開墳墓出來旅行，而巴和卡則留在墳墓內或附近。另一方面，有人認為在古埃及，靈

17　關於宗教性文學種類的概念，請見：Campany 2017。
18　Assmann 2005，頁九七。
19　Lichtheim 1973，頁六五—六六。
20　Goedicke 1970；Lichtheim 1976，頁一六三—一六九。
21　Assmann 2005，頁八八。

魂、鬼、惡魔和神不屬於不同的類別，而都是不同脈絡化下呈現的非物質存在。[22]因此，巴有時可以指代神的靈體，例如「萬物之主，活生生的巴（即創世神拉—阿圖姆〔Re-Atum〕）」。[23]這有點類似於中國的情況，即「鬼」一詞也可以代指神的靈體。

總的來說，古埃及人對死者的靈體／靈魂的表達並不帶有任何本質的邪惡的意義或意圖；它們僅僅代表了一個人死後的狀態。巴、卡和阿赫在人的一些不同的層面各自發揮了作用，並且一直被視為喪葬儀式的正常組成部分。因此，它們的出現既不是為了解決任何具體的不滿，也不是為了要糾正任何錯誤。古埃及人似乎並沒有對含怨的死者現身並襲擊表示太多擔憂，只是在古王國墓葬銘文中提醒生者要供奉水和祈禱給死者，以及死者會詛咒那些前來褻瀆它們墳墓之人：「對於任何進入這座墳墓的不潔並對其作惡之人，將有大神審判他們。」[24]或是「凡入此墓未淨身者，我必擒其頸如鳥，令生者得以見證，而敬畏其精通禮儀、完美優秀且秉賦純良之阿赫。我將在大神之庭上與他一起受審。」[25]這種威脅基本上是一種保護墳墓免受生者打擾的措施，而不是主動試圖傷害生者。

鬼或巴、卡、阿赫在古埃及宗教中的作用不是讓人們注意到一個人在生前或死後遭受的任何不公正。有了奧西里斯（Osiris）的死後審判系統，理論上確保了每個人在冥界都能得到一個正當地位，因為每個人都被期許能通過審判，成為「優秀的靈體（*3ḫ ikr*）」或「所言為真之人（m^{cc} *hrw*）」，也就是一個沒有說謊的人。

有人可能會爭辯說，正是由於對死後審判這種相當樂觀的信念，古埃及的鬼——在《亡靈書》（*Book of the Dead*）的幫助下——在喚起對個人或社會遭受不公正待遇的群體意識方面，或是以任何特殊的超自然力量來評論世俗事務，或解決宗教信仰相關的問題等方面，都沒有發揮重要作用。但這並不是說對死亡的恐懼不是普通人真正關心的問題。[26]古埃及墓室壁畫中所描繪眾多哀嚎哭泣的婦女的葬禮場景已經清楚地表明，死亡和失去家族成員在任何文化中都帶來一樣的傷痛。然而，所有這些似乎並沒有削弱人們對幸福來世的強烈信念。在古埃及文學的悠長歷史中，只有在其最後一個階段——特別是通俗語（Demotic）的文學——塞特納．哈姆瓦塞特（*Setne Khaemwaset*）的故事中，我們才在複雜的情節中遇到了以鬼作為主角的豐富描述。[27]儘管這個故事到底受到多少古希臘的影響依然是個疑問，它出自古埃及這點不能否認。此外，塞特納故事的文學風格，更傾向於奇幻的魔法世界，就像《古夫王和魔術師》（*King Cheops and the Magicians*）或《發生海難的水手》（*Shipwrecked Sailor*）的故事一樣，[28]而不是強調鬼的作用以及它與生者的關係。這個故事提醒我們，古埃及人對鬼和亡魂的想像可能與其他文化沒有太大的區別，只是強大的傳統信仰體系可能為這種想像的發展提供了一些

22 Eyre 2009。
23 Lichtheim 1976，頁二一五。
24 Lichtheim 1973，頁六。
25 Sturdwick 2005，頁二六四、二八七。
26 Zandee 1960。
27 Lichtheim 1980，頁一二七起。
28 Lichtheim 1973，頁二一一—二二二。

替代方案。

因此，與中國的鬼似乎可以根據自己的意願自由行動不同，古埃及鬼的功能更多地受到它們的宗教系統的限制。它們確實以獨特的方式代表了個體，但它們看起來似乎沒有任何個性，因為它們似乎無法擺脫自己存在的束縛，而對生者的世界產生影響。它們的角色被緊緊固定在想像出來的死後世界之中。換句話說，古埃及的鬼不像古中國的鬼那樣的自由，後者可以在世界各地漫遊，為所欲為地留下蹤跡或搗亂。古埃及的鬼和神明的關係毫不模糊，不像中國鬼的行為不可預測。因此，中國的主要宗教體系，無論是佛教、道教還是本土的地方宗教儀式，都熱衷於控制鬼，而古埃及並非如此。

有了神界強大的規訓，古埃及人似乎沒有必要去控制那些不守規矩的鬼魂了。通過判決的死者將留在「美麗的西方」，即受福庇死者的疆域。至於那些無法通過審判的人，他們的心臟會被怪物阿米特（Amit）所吞噬，這頭怪物會在天秤旁，等待死者的心臟與瑪阿特（Maat，即正義真理）相稱重。失去了心臟，死者將再次死去，並從世界上消失；因此，他們再也不可能給生者帶來任何麻煩。所以在古埃及的冥界，即奧西里斯之國度，沒有像古代美索不達米亞或希臘的鬼那樣受苦的靈魂——它們的命運悲慘，不是因為生前的罪孽或不法勾當，而是由於各自對於死亡本質以及陽間的文化理解有所差異。

然而，有趣的是，在生者與死者之間的關係方面，古埃及人確實對他們已故的親屬有一定的期望，正如一種名為《致死者的書信》（*Letter to the Dead*）的文本類型所表明的那樣。[29]早在古王國時期就有證據表明，生者可以寫信給死去的親屬並尋求他們的幫助，這顯然假設了死者擁有某些可以幫到生者的力量。[30]不管如何，這些信件似乎基本上都是單向通信，因為我們幾乎找不到任何證據來說明信件的接收者，也就是鬼，是否對生人的請求作出反應。

中國鬼在其概念得到完全發展的形式中，除了是一種非物質性的存在，與活人同樣具有自我意識。這說明中國人對死後存在的想像非常接近活人的模式，而古埃及人對巴和卡存在狀態的想像卻相當不同尋常，因為它們並不能完全代表死者。一些埃及學家持有這樣的觀點，認為當巴與死者團聚時，死者就可以成為阿赫，即所謂的祖靈。[31]有趣而也許具有重要意義的是，死者可以在諸如墓碑銘文之類的葬禮文本中將自己標識為阿赫：「我是一個準備齊全的阿赫。」但是死者不會說，「我是巴（或卡）」，因為巴和卡總是被認為與死者彼此對立：「願你的巴上到天堂」，「願你與你的卡重逢」，或「願你的卡跟隨你」。[32]也就是說，儘管古埃及巴和卡的概念代表了死者個人性格的某些元素，但它們並不被認為代表死者的「自我」、「我」或「自我意識」。巴和卡是與死者自我分離的某些東西。因此，當古埃及人這樣對死者說：「願**你的**巴去到天堂」或「願**你的**卡跟隨你」時，找出這個所謂的「**你**」究竟為誰是至關重要的。因為死者能自稱「我是一個準備齊全的阿赫」，所以這個「**我**／**你**」是阿赫嗎？當一個人在奧西里斯面前通過審判，進入美麗的西方，這個人的存在狀態是什麼？在《棺

29 Gardiner 1928；Wente 1990，頁二一〇—二一九；Troche 2018。

30 Assmann 2005，頁一五八—一六三。

31 Assmann 2005，頁八七—一〇二；Taylor 2010，頁一六—二五。

32 參考資料請見：Assmann 2005，頁八七—一〇二。

木文》（咒語一〇三二）中，死者說：「因為我是通過了守衛的阿赫」——意思是死者作為阿赫進入了奧西里斯的國度，但死者的巴和卡是否也陪伴他們一起進入新世界？或是它們仍留在墳墓裡？既然這個「我」應該在蘆葦地（Field of Rushes）——也就是奧西里斯的國度——進行各種宗教活動，就像它們在人間生活時所做的那樣，那麼是否意味著巴、卡和阿赫都會在這個「我」之中再次團結起來？用阿斯曼的話來說，「我」是「一個有組織的個人中心」，[33]它必須可以連接和重聚巴、卡、心臟和屍體，使死者能夠進入完美的永生狀態。簡而言之，正如《亡靈書》等古埃及喪葬文本所揭示的，第一人稱獨立代詞「我」是死者的主觀聲音，但我們無法將這個「我」認作卡、巴或阿赫（除非直到死者與它們合而為一）。我們或許最好將這個「我」看作是死者如同活人一般用自己的聲音代表自己，而古埃及人可能並沒有進一步區分這個活人與陰間「我」的差異。例如，在墓誌中死者經常用第一人稱描述他們生前的事蹟：「我來自我的城市，我下到來世；我為瑪阿特的主人執行了瑪阿特（正義公平）；我以他所愛的東西來滿足他。」[34]

生者確實很難想像死者的存在狀態，因為用來描述這種狀態的語言必然是生者的狀態。古埃及人以非常有想像力和巧妙的方式提出了巴、卡和阿赫的概念來描述可能難以描述的事物，並為人類社會的後代留下了一些關於死後世界的神秘而且也許真正永恆的表述。

最後我們需要承認，在古埃及的信仰體系中關於死後存在的概念仍有很多不清楚的地方。在文本中可以找到許多不同的關於這些靈魂的下落的說法，但它們往往相互矛盾，所以需要大量的時間來梳理每種表達方式的脈絡。對於現代觀察者來說，有關巴、卡和阿赫概念的材料十分豐富，這可能既是一種祝福，也可以是一種尷尬，因為這可能讓希望這些研究能提供一個清晰觀點的願景，顯得太過樂觀。

如第一章所述，在早期的希臘文本中死者的靈魂被稱為 *psychē*、*eidōlon* 或 *phasma*。*psychē* 代表個人的個性，但僅在死亡時才表現出來。[35]在人死之後，它會永久飛離身體。在西元前七世紀至西元前五世紀的古希臘瓶繪中，有許多靈魂 *psychē* 的例子，以一個帶有翅膀的小人模樣出現，在死者周圍盤旋。[36] *eidōlon* 意為「形象」，傳達出死者的鬼與生者看起來一模一樣的觀念。在荷馬史詩《伊利亞特》（*Iliad*）中，當帕特羅克洛斯的鬼出現在阿基里斯面前時，它被稱為 *eidōlon*，他就像一個活人一樣與阿基里斯交談（《伊利亞特》第二十三冊第一〇一節）。在悲劇作家埃斯庫羅斯（Aeschylus）的劇作《波斯人》中，大流士（Darius）的鬼也被稱為 *eidōlon*（埃斯庫羅斯，《波斯人》，第六八一節）。

由於對古希臘鬼的研究已經很多，有的從民俗研究的角度，有的從文學史的角度，這裡我們將重點放在鬼在古希臘宗教信仰中的作用，以及與古埃及、美索不達米亞和中國的比較。首先，毫無疑問地，古希臘人應該沒有統一的關於鬼的確切性質、鬼能做什麼、或者它們是否具有任何行動能力或能

33 Assmann 2005，頁一〇一—一〇二。

34 Sturdwick 2005，頁三〇一。

35 經典研究可見：Rohde 1925。至於古代希臘羅馬世界裡鬼故事的編纂，請參見：Ogden 2001，頁二一九起；Ogden 2002。

36 Vermeule 1979，頁七—一一、一八—一九。

量的觀點。引用不同的研究資料來源，來看不同的歷史時間段，就會導致不同的觀點。[37]我們知道，死者的鬼一般安歇於哈迪斯（Hades，即陰間）的黑暗中，或珀耳塞福涅（Persephone，冥王哈迪斯的妻子）的屋室中，遠離生人而且過著幽暗的生活。[38]然而，我們也得知，某些死者的鬼會出於某種原因出現在生者面前：帕特羅克洛斯（Patroclus）要求舉行葬禮（《伊利亞特》第二十三冊第一〇一節）或梅麗莎（Melissa）的鬼出現在她的丈夫佩里安德（Periander）面前，要求穿合適的衣裝（希羅多德《歷史》第五冊第九十二G節）。大多數文學作品中關於鬼的記述都以某種方式講述了鬼需要為它們所遭受的冤災報仇。這與鬼尋求正義的普遍主題是相一致的。

例如，在古希臘悲劇《歐墨尼得斯》（*Eumenides*）中，克呂泰涅斯特拉（Clytemnestra）的鬼（*eidōlon*）就她在陰間的痛苦發表了一篇頗吸引人的演講（埃斯庫羅斯〔Aeschylus〕，《歐墨尼得斯》第九十四節）。這種對鬼概念的文學運用，堪比中國六朝鬼故事中的鬼。在這樣的故事中鬼作為主角承載著作者刻意想要傳達的訊息，觀眾和讀者想必也知道鬼的行為就是作者意圖的體現。可以肯定的是，作者和預期中的觀眾都接受了這樣的一個想法，即一個人的鬼可以攜帶一些訊息，並回到陽間中來辨件事情。我們很難想像在一個充滿智識的環境裡，人們不相信鬼的存在，但卻接受鬼故事的真實性。在其中當然有娛樂和文學創作的成分；也就是說，這些鬼被設計成可以精巧且富有哲理地說話，或者執行某些非凡行為，而這些全部顯然都是作者為了戲劇效果和情節需要而創造的。然而，鬼的存在及其具有某種能力的這種基本觀念，毫無疑問就是這些文本背後的普遍假設。誠然，這些對鬼的文學表現應該與宗教或葬禮文本中對鬼的那些描述分開理解。驅鬼用的咒語，舉例而言，不會對個別鬼故事進行任何一般性的解釋或闡述，但是起到抵禦鬼攻擊的實際功能。[39]於是我們就有了文學中的鬼和宗教中的鬼。文學中的鬼是作者的主角和喉舌；而宗教中的鬼大多是日常生活中需要治理的威脅。它們向社會所有成員發出一條出於自身群體利益的訊息：好好照顧死者。

一個值得考慮的問題是，古代人們是否可能沒有將死者的靈體與其他種類的生命甚至無生命的東西區分開來。十九世紀人類學家所提出的萬物有靈論或許在一定程度上還是值得我們考慮的。至少，人類和非人類的靈體在術語上可以互換使用，這就表明了古人所關心的主要是這些靈體的性質或力量，而不是這些力量的起源為何。正如費爾頓（Felton）所說：「之所以缺乏具體的分類，主要是歸因於古人對超自然的認知。神與其他類型的超自然存在之間通常沒有功能上的區別，而現代民間傳說專門歸因於鬼的許多現象，在古代都被認為是來自與神的交流。」[40]代蒙（daimon，希臘語，即次等神靈或精靈，通常是抽象概念的化身，其性質介於神與人之間的一種存在）的概念逐漸轉變為惡魔（demon）就是一個很好的例子。[41]費爾頓的觀察特別適用於中國的證據，因為「鬼」這個詞同樣適

37 Finucane 1996，頁四—二六。
38 Mikalson 1983，頁七四—八二。
39 Ogden 2002，頁一六二—一六四（關於鬼攻擊的陳述，請見第（1）與（2）節）。
40 Felton 1999，頁 xii。
41 Wan 2017。

用於天神、其他非人類以及人鬼的靈體。[42]

總而言之，鬼在古希臘社會中的作用可以說是雙重的：作為一種文學形象，鬼主要是情節的一部分，用以創造一條敘事線來糾正它們所遭受的冤屈，或者補充一些生人還未達成的事務。鬼在這裡被賦予了人的性格和情感，可以像正常人一樣說話和行動。讀者可以欣賞它們所攜帶的某些訊息，因為它們有可能反映出了人們的現況。然而，在那些與驅鬼有關的文本中，鬼只是不帶有任何積極情緒且不受歡迎的邪惡存在，或者它們是由死靈術召喚的非主觀靈體。[43]然而，它們也可以被理解為起到宣洩社群焦慮的作用：例如，它們能解釋某些不幸災難的根源，或促進正確的社會規範和正義。在古希臘宗教文化的脈絡下，陰間（或哈迪斯）並不是生者認真關注的地方。除了又黑又多風，還有一條大河，古希臘人並沒有投注太多的想像力去創造地獄的地形物貌。正如加蘭（Garland）所說：「希臘人對哈迪斯所知甚少，就像他們留給我們的一樣少。」[44]由於古希臘沒有太多祖先崇拜，因此祖先的鬼及其對人類事務的參與遠不如在中國文化脈絡中來的重要。[45]這一觀察與以下觀點一致，即在日常的宗教生活方面，古雅典人對他們今生的行為既不期待在來世得到獎賞，也不期望受到懲罰，因為在大量墓誌銘中，幾乎沒有什麼證據表明這種想法可能真的存在。[46]因此，古希臘鬼的概念，似乎並沒有像古埃及人對死者的審判的想法，在塑造道德意識方面發揮重要作用，也不像中國人精心想像和準備的那樣，以鬼的想像幫助形塑基於陽間而創造出來的陰間。

古羅馬人和他們的鬼之間的關係也相對不那麼複雜。喪葬儀式確立了生者與死者之間的第一次互動。通常在將屍體移至墓地後，會向死者獻祭一份供品。當骨灰或遺體安葬，守喪第八天後，親友們聚在一起舉行第二次筵席，以祭祀死靈「麻內」（*manes*）。這標誌著生者與死者的正式分離。在此之後，死者加入神靈的集體行列，也就是「麻內」。[47]死者犧牲儀式（即焚燒被犧牲者）的原則，與祭祀神靈的儀式並無太大區別。古羅馬人有在從二月十三日開始的先祖節（Parentalia，一個紀念家族祖先榮耀的節慶，連續九日，屬於民間節日）上訪視墳墓並提供食物和葡萄酒來祭祀祖先的習俗。古羅馬人也有公共假期來紀念祖先和家庭守護神。這些的目的是為了與死者保持良好的關係，因為古羅馬人普遍認為死者是污染的一種來源，因此墓葬位於生者居住的城市之外。[48]

古羅馬人相信世界上有無數邪惡的超自然存在，其中也包括鬼；因此，各種驅邪方法或驅鬼儀式頗為盛行。[49]不過，雖然人鬼有可能變成回來打擾人的靈體，但生者與死者之間的關係似乎並沒有隨著及時供養和保持人鬼安全距離而得到更多的發展。由於日常的宗教活動和對神供養以祈求健康、成

---

42 請見本書第二章。

43 例如，奧德修斯（Odysseus）向泰瑞西斯（Tiresias）的鬼諮詢（荷馬史詩《奧德賽》一一．九〇—一五一）。請見：Ogden 2002，頁一七九—一八二。

44 Graland 1985，頁五一。

45 Bremmer 1983，頁二〇二。

46 Mikalson 1983，頁八二。

47 Rüpke 2007，頁二七一。

48 Rüpke 2007，頁一一五—一一六。

49 Dickie 2001。

功和幸福已經為古羅馬人民提供了充裕的保護，[50]因此鬼只占了個相當有限的角色，結果就是它們形成了一種家庭神靈階層——厤內或是拉爾（*lares*，一種保護神）——並且與更大的神祇一樣被供奉。[51]以家族守護神的身分，厤內的作用無非是保護和延長後嗣的壽命，守護他們的行為以確保他們的好運。偶爾，厤內會被要求傷害它們親屬的敵人，或者托夢給予指示意見。[52]因此，古羅馬的鬼似乎只有工具功能，而沒有承擔傳遞某些特殊訊息、道德教化或其他功能的角色。

總之，在這章中對古代中國、美索不達米亞、埃及、希臘和羅馬鬼的角色的粗略比較，並不打算變成一份對全人類社會中鬼現象的全面研究，因為只有各個領域的專家才能有效做到這一點。嘗試做出概括總是一件冒險的事，而使用的總體性詞彙，例如「古中國人」或「古埃及人」，必然會阻礙對文化中各種不同傳統脈絡的更細緻理解。不管如何，這種比較使我們有機會在每個社會中定位出鬼的作用的差異和相似之處，以此來更好地瞭解諸多宗教體系的個體特徵並最終能稍稍強化我們對每種文化的理解。

重要的是我們要認識到，古人與我們這些擁有豐富文化資產的現代人不同，我們能夠以冷靜的方式看待早期歷史中的鬼現象，但我們的研究主題對象們生活在一個所有文化沉澱都還沒有積累起來，而且——我們或許可以說——他們能掌握的訊息和比較材料較少，他們與自然以及和自然關係之間展現出的各種力量有更密切的關係，因此他們不可能以輕鬆隨便的態度看待鬼的現象——或是看待死亡。因此，我們需要嘗試各個角度來評估這些可用的研究資料，以便能獲得一個更全面的圖像。然而，由於人與鬼的這種關係在理論上存在無窮盡的層次，由此產生的概念和圖像也很有可能是無限的。由此一來，對這種關係的任何單一視角的理解都無法掌握其中的複雜性。

因此，我們的任務必須是盡力瞭解我們的研究主題所處的文化背景。也就是說，我們不僅關注包含著人們對鬼的觀念的各種訊息來源，也得關注鬼觀念發展的文化環境。只有透過這樣，我們才能對鬼的現象及其對特定社會歷史和文化的意義建立起有機的理解。

我們在本書中研究過的所有中國文獻的啟示告訴我們，中國古代有一個鬼的世界，它在廣被接受的文化話語或宏大敘事（Grand Narrative）中並不明顯。這個陰暗的鬼世界一直是中國過往的一部分，儘管尚沒有足夠的努力將這個世界與歷代學者和作家為我們所構建起來的歷史文化成就聯繫起來。若要準確地評估這個陰間世界對陽間世界的貢獻程度，這將是一項艱巨的任務。然而，但凡翻開任何一本關於中國文化的著作，我們卻幾乎找不到任何關於鬼的討論。最有可能找到此類記述的地方就是作為一種文學體裁的鬼故事，或是討論宗教的著作——更具體地說，是關於「民間信仰」的著作——而即使在那裡，鬼也不占據太多篇幅。

不過事實上，這個陰間世界的痕跡並沒有被完全隱藏在地下，而可以說是通過各種媒介在歷史上不斷浮現，這給了我們寫出這本書的機會。關於古代中國鬼觀念的一個特殊觀察維度，是人們在與鬼

50 Belayche 2007。
51 King 2009。
52 King 2009，頁一一一—一一二。

打交道、在思考人與鬼的本質和其關係的願意程度，以及鬼在文學表達中的表現程度。我們已經討論了鬼的概念是如何部分地協助構建人們對陰間的概念，鬼的想像力如何成為塑造人們道德和社會責任的一股力量，以及鬼的敘述如何給文學的發展帶來轉折，而且豐富了文學想像力和審美意識。文化的這個陰暗面，就像個人意識的陰暗面一樣，可以用難以察覺的方式塑造外在表現，這些表現要麼是「文化成就」，要麼是「個人成就」。這就是為什麼即使在今天，「你心中有鬼」這句中文表達仍然是一種生動的方式，來說明那種不可說或不能說的、但真實的、潛藏的意圖，可能正是冠冕堂皇的外表後面的核心。因此，我們在這裡所研究早期中國的鬼世界，可以隱喻地理解為中國歷史與文化核心中的「鬼」。這裡，孔子名言——「鬼神之為德，其盛矣乎。視之而弗見；聽之而弗聞；體物而不可遺」——可以看作是對中國文化中鬼的重要性的某種預言。

正如直到今天我們仍然在日常生活中頻繁使用「鬼」這個詞，漢語是在本研究所觸及的所有古代文化中唯一的倖存文化。儘管中國社會在科技發展的方面正在迅速現代化，但中文持續使用「鬼」這個詞作為一種有效的表達方式來說明一些奇怪的、奇妙的、荒謬的、不可思議的、險惡的、恐怖的甚至是滑稽的東西，表明了中國文化中的鬼有著豐富的歷史，以及現代中國與過去的中國仍存在深刻的聯繫。我們對這段歷史早期部分的研究或許可以作為整個故事的序幕。

參考文獻

古籍

《三國志》，陳壽著，北京：中華書局，一九七〇。
《大正新修大藏經》，高楠順次郎、渡邊海旭、小野玄妙合編，東京：大正一切經刊行會，一九二四—一九三五；重印：台北：新文豐，一九八三。網址：http://tripitaka.cbeta.org/T。
《上清修身要事經》，收錄於《道藏》三二：五六二。
《廣弘明集》，道宣編，上海：上海古籍出版社，一九九一。
《女青鬼律》，收錄於《道藏》一八：二三九。
《無上三元鎮宅靈籙》，收錄於《道藏》一一：六七六。
《藝文類聚》，歐陽詢著，上海：上海古籍出版社，一九八二。
《太上正一咒鬼經》，收錄於《道藏》二八：三七〇。
《太上洞淵神咒經》，收錄於《道藏》六：二九。
《太平御覽》，李昉等合著，北京：中華書局，一九六〇。
《歷代名畫記》，張彥遠著，北京：人民美術出版社，二〇〇四。

《毛詩正義》，收錄於：阮元著，《十三經注疏》，台北：文藝出版社，一九七六。
《風俗通義校注》，應劭著，王利器校注，台北：明文書局，一九八八。
《左傳正義》，收錄於：阮元著，《十三經注疏》，台北：文藝出版社，一九七六。
《東觀漢紀校注》，劉珍校注，北京：中華書局，二〇〇八。
《史記》，司馬遷著，北京：中華書局，一九六二。
《儀禮注疏》，收錄於：阮元著，《十三經注疏》，台北：文藝出版社，一九七六。
《樂府詩集》，郭茂倩編，北京：中華書局，一九七九。
《漢書》，班固著，北京：中華書局，一九六二。
《禮記注疏》，收錄於：阮元著，《十三經注疏》，台北：文藝出版社，一九七六。
《弘明集》，僧佑編，上海：上海古籍出版社，一九九一。
《老子校釋》，朱謙之校釋，北京：中華書局，二〇〇〇。
《列仙傳》，劉向著，上海：上海古籍出版社，一九八七。
《夷堅志》，洪邁著，上海：上海古籍出版社，一九九一。
《呂氏春秋集釋》，許維遹集釋，北京：中國書店，一九八五。
《後漢書》，范曄著，北京：中華書局，一九六五。
《莊子集釋》，郭慶藩集釋，北京：中華書局，一九八五。
《論語注疏》，收錄於：阮元著，《十三經注疏》，台北：文藝出版社，一九七六。
《論衡集解》，王充著，劉盼遂集解，台北：世界書局，一九九〇。
《赤松子中誡經》，收錄於《道藏》第三冊。

《還冤志》，顏之推著，上海：上海古籍出版社，一九八七。
《肘後備急方》，葛洪著，北京：商務印書館，一九五五。
《陸先生道門科略》，收錄於《道藏》第二四冊。
《陳書》，姚思廉著，北京：中華書局，一九七一。
《抱朴子內篇校釋》，葛洪著，王明校釋，北京：中華書局，一九八〇。
《抱朴子內外篇》，王雲五編，萬有文庫。上海：商務印書館，一九三七。
《尚書正義》，收錄於：阮元著，《十三經注疏》，台北：文藝出版社，一九七六。
《國語》，台北：中華書局，四部備要，一九七一。
《昌言》，仲長統著，北京：中華書局，二〇一二。
《周禮注疏》，收錄於：阮元著，《十三經注疏》，台北：文藝出版社，一九七六。
《周易正義》，收錄於：阮元著，《十三經注疏》，台北：文藝出版社，一九七六。
《法苑珠林》，道世編，北京：華夏出版社，一九九九。
《孟子注疏》，收錄於：阮元著，《十三經注疏》，台北：文藝出版社，一九七六。
《春秋繁露》，董仲舒著，台北：中華書局，一九八四。
《荀子集解》，王先謙著，台北：世界書局，一九七一。
《要修科儀戒律鈔》，收錄於《道藏》六：九二二。
《戰國策集注彙考》，諸祖耿彙考，南京：江蘇古籍出版社，一九八五。
《神仙傳》，葛洪著，收錄於《文淵閣四庫全書》，台北：商務印書館，一九八六。
《鹽鐵論校注》，桓寬著，王利器校注，北京：中華書局，一九九二。

《晉書》，房玄齡著，北京：中華書局，一九七四。

《真誥》，陶弘景著，收錄於《道藏》二〇：四九〇。

《晏子春秋集釋》，吳則虞集釋，北京：中華書局，二〇一〇。

《高僧傳》，慧皎編，收錄於《大正新修大藏經》，T50，No. 2059。

《聊齋志異》，蒲松齡著，杭州：浙江文藝出版社，二〇〇四。

《淮南子集釋》，何寧集釋，北京：中華書局，一九九五。

《隋書》，魏徵著，北京：中華書局，一九八二。

《搜神記》，干寶著，汪紹楹校注，台北：里仁書局，一九八二。

《韓非子集解》，王先慎著，北京：中華書局，一九九八。

《嵇康集》，收錄於《魯迅全集》，魯迅編，第二冊，台北：唐山，一九八六。

《道藏》，北京：文物出版社，一九八八。

《登真隱訣》，陶弘景著，收錄於《道藏》六：六〇六。

《管子校注》，黎翔鳳校注，北京：中華書局，二〇〇四。

《墨子閑詁》，孫詒讓著，台北：中華書局，一九七一。

《潛夫論箋校正》，王符著，汪繼培校正，北京：中華書局，一九九七。

近人著作

下倉涉，二〇一三，〈東漢建初四年序寧簡考釋〉，收錄於：邢義田、劉增貴合編，《古代庶民社會》，台北：中央研究院，頁三六一—三九〇。
小南一郎，一九八二，〈六朝隋唐小說史の展開と佛教信仰〉，收錄於：福永光司編，《中國中世の宗教と文化》，京都：人文科學研究社，頁四一五—五〇〇。
方述鑫，二〇〇〇，〈殷墟卜辭中所見的「尸」〉，《考古與文物》五，頁二一—二四、二七。
王子今，二〇〇五，〈兩漢的越巫〉，《南都學壇》二五．一，頁一—五。
王利器，一九八八，《風俗通義校注》，台北：明文書局。
王明，一九六〇，《太平經合校》，北京：中華書局。
王明，一九八五，《抱朴子內篇校釋》，北京：中華書局。
王國良，一九八四，《魏晉南北朝志怪小說研究》，台北：文史哲出版社。
王國良，一九八八，〈列異傳研究〉，《六朝志怪小說考論》，台北：文史哲出版社，頁五四—五七。
王景琳，一九九二，《中國鬼神文化溯源》，北京：農村讀物出版社。
王瑤，一九八六，〈玄學與清談〉，《中古文學思想》，台北：長安出版社，頁四四—七九。
甘肅省考古文物研究所，二〇〇九，《天水放馬灘秦簡》，北京：中華書局。
吉岡義豐，一九五九—一九七〇，《道教と佛教》，合三冊，東京：國書刊行會。
曲六乙，錢茀，二〇〇三，《中國儺文化通論》，台北：學生書局。
江蘇文物管理委員會，一九六〇，〈江蘇高郵邵家溝漢代遺址的清理〉，《考古》一八。
池田末利，一九八一，《中國古代宗教史研究I》，東京：東海大學。
余嘉錫，一九九三，《世說新語箋疏》，上海：上海古籍出版社。
吳宏一，一九七七，〈六朝鬼神怪異小說與時代背景的關係〉，《中國古典文學研究叢刊》，小說之部（一），台北：

巨流圖書，頁五五－八九。
吳康編，一九九二，《中國鬼神精怪》，長沙：湖南文藝出版社。
吳維中，一九八九，〈試論志怪演化的宗教背景〉，《蘭州大學學報（社會科學版）》一七·四，頁九四－九九。
吳維中，一九九一，〈志怪與魏晉南北朝宗教〉，《蘭州大學學報（社會科學版）》一九，頁一五－三四。
李劍國，一九八四，《唐前志怪小說史》，天津：南開大學出版社。
李劍國，一九九三，《唐五代志怪傳奇敘錄》，天津：南開大學出版社。
李劍國，一九九七，《宋代志怪傳奇敘錄》，天津：南開大學出版社。
李劍國，二〇一一，《唐前志怪小說輯釋》，上海：上海古籍出版社。
李學勤，一九九〇，〈放馬灘簡中的志怪故事〉，《文物》四，頁四三－四四。
李濟，一九五三，〈跪坐蹲踞與箕踞〉，《歷史語言研究所集刊》二四，頁二八三－三〇一。
杜正勝，二〇〇一，〈古代物怪之研究〉，《大陸雜誌》一〇四·一，頁一－一四；一〇四·二，頁一－一五；一〇四·三，頁一－一〇。
沈兼士，一九八六，〈鬼字原始意義之試探〉，收錄於《沈兼士學術論文集》，北京：中華書局。
周法高編，一九六八，《金文詁林》，香港：香港中文大學出版社。
周鳳五，二〇〇一，〈九店楚簡告武夷重探〉，《歷史語言研究所集刊》七二·四，頁九四三－九四五。
和志武、錢安靖、蔡家麒合編，一九九三，《中國原始宗教資料叢編》，上海：上海人民出版社。
林富士，一九九五，〈東漢晚期的疾疫與宗教〉，《歷史語言研究所集刊》六六·三，頁六九五－七四五。
林富士，一九九九，《漢代的巫者》，台北：稻鄉出版社。
林富士，二〇〇五，〈釋魅：以先秦至東漢時期的文獻資料為主的考察〉，收錄於：蒲慕州編，《鬼魅神魔——中國通俗文化側寫》，台北：麥田出版社，頁一〇九—一三四。

林富士，二〇〇八a，〈試論太平經的組織與性質〉，收錄於：林富士，《中國中古時期的宗教與醫療》，台北：聯經出版公司，頁八七—一二五。

林富士，二〇〇八b，〈試論太平經的疾病觀念〉，收錄於：林富士，《中國中古時期的宗教與醫療》，台北：聯經出版公司，頁一六三—二〇一。

金榮華，一九八四，〈從六朝志怪小說看當時傳統的神鬼世界〉，《華學季刊》五・三，頁一—二〇。

俞正燮，一九五七，《癸巳類稿》，上海：商務印書館。

南陽市博物館，一九七四，〈南陽發現東漢許阿瞿墓誌畫像石〉，《文物》八，頁七三—七五。

姚孝遂，一九八九，《殷墟甲骨刻辭類纂》，北京：中華書局。

紀南城鳳凰山一六八號墓墓發掘整理組，一九七五，〈湖北江陵鳳凰山一六八號漢墓發掘簡報〉，《文物》九，頁一—一八。

胡孚琛編，一九九五，《中華道教大辭典》，北京：中國社會出版社。

胡新生，一九九〇，〈周代祭祀中的立尸禮及其宗教意義〉，《世界宗教研究》四，頁一四—二五。

唐長孺，一九五五，〈清談與清議〉，《魏晉南北朝史論叢》，北京：三聯書店，頁二八九—二九七。

徐華龍，一九九一，《中國鬼文化》，上海：上海文藝出版社。

酒井忠夫，一九三七，〈太山信仰の研究〉，《史潮》七・二，頁七〇—一一八。

馬書田，二〇〇七，《中國鬼神》，北京：團結出版社。

國光紅，一九九三，〈鬼和鬼臉兒〉，《山東師範大學學報（人文社會科學版）》一，頁八五—八八。

張政烺，一九八一，〈哀成叔鼎釋文〉，《古文字研究》五，頁二七—三三。

張勳燎，白彬，二〇〇六，《中國道教考古》，合六冊，北京：線裝書局。

曹道衡，一九九四，〈風俗通義和魏晉六朝小說〉，收錄於《中古文學史論文集續編》，台北：文津出版社，頁三五—四七。

梅家玲，一九九七，〈六朝志怪人鬼姻緣故事中的兩性關係：以性別為中心的考察〉，收錄於：洪淑玲等編，《古典文學與性別研究》，台北：里仁書局，頁九五—一二七。

郭沫若，一九八三，《卜辭通纂》，收錄於《郭沫若全集》，北京：科學出版社。

陳松長，一九九八，〈戰國時代兵死者的禱辭〉，《簡帛研究譯叢》二，頁三〇—四二。

陳松長，二〇〇一，《香港中文大學文物館藏簡牘》，香港：香港中文大學出版社。

湖北省文物考古研究所，一九九五，《江陵九店東周墓》，北京：科學出版社。

湖北省文物考古研究所，北京大學中文系，二〇〇〇，《九店楚簡》，北京：中華書局。

湖北省博物館，一九八九，《曾侯乙墓》，合二冊，北京：文物出版社。

湖南省博物館，中國科學院考古研究所，一九七四，〈長沙馬王堆二、三號漢墓發掘簡報〉，《文物》七，頁三九—四八。

湖南省博物館，中國科學院考古研究所合編，一九七三，《長沙馬王堆一號漢墓》，合二冊，北京：科學出版社。

逯欽立，一九八三，《先秦漢魏晉南北朝詩》，台北：木鐸出版社。

黃永武編，一九八一—一九八六，《敦煌寶藏》，合一四〇冊，台北：新文豐。

黃展岳，一九九〇，《中國古代的人牲人殉》，北京：文物出版社。

黃儒宣，二〇一三，《日書圖像研究》，上海：中西書局。

楊國樞、余安邦，一九九二，〈從歷史心理學的觀點探討清季狐精故事中的人狐關係〉，收錄於《本土心理學研究》，台北：中央研究院民族學研究所。

葉慶炳，一九八五，〈魏晉南北朝的鬼小說與小說鬼〉，《古典小說論評》，台北：幼獅文化，頁一〇〇—一一九。

葛英會，二〇〇〇，〈說祭祀立尸卜辭〉，《殷都學刊》一，頁四—八。

裘錫圭，一九七四，〈湖北江陵鳳凰山十號漢墓出土簡牘考釋〉，《文物》七，頁四九—六三。

睡虎地秦墓竹簡整理小組，一九九〇，《睡虎地秦墓竹簡》，北京：文物出版社。

蒲慕州，一九八七，〈巫蠱之禍的政治意義〉，《歷史語言研究所集刊》五七．三，頁五一一—五三八。

蒲慕州，一九九三a，《墓葬與生死》，台北：聯經出版公司；第二版，北京：中華書局，二〇〇八。

蒲慕州，二〇一三，《漢唐的巫蠱與集體心態》，台北：聯經出版公司，二〇一三。

劉仲宇，一九九七，〈物魅、人鬼與神祇：中國原始崇拜體系形成的歷史鉤沉〉，《宗教哲學》三．三，頁一六—三五。

劉昭瑞，二〇〇七，《考古發現與早期道教研究》，北京：文物出版社。

劉增貴，一九九七，〈漢代的泰山信仰〉，《大陸雜誌》九四．五，頁一九三—二〇五。

劉樂賢，一九九四，《睡虎地秦簡日書研究》，台北：文津出版社。

魯迅，一九八六，《古小說鉤沈》，台北：唐山，重印。

魯迅，二〇一三，《中國小說史略》，長春：吉林人民出版社。

賴芳伶，一九八二，〈試論六朝志怪的幾個主題〉，《幼獅學刊》一七．一，頁九四—一〇八。

錢茀，一九九四，〈商冗探微〉，《民族藝術》二，頁五一—六八。

鎌田茂雄，一九八六，《道藏內佛教思想資料集成》，東京：東京大學。

顏慧琪，一九九四，《六朝志怪小說異類姻緣故事研究》，台北：文津出版社。
羅漫，一九八九，〈桃，桃花與中國文化〉，《中國社會科學》四，頁一四五—一五六。
嚴可均，一九八二，《全上古三代秦漢六朝文》，第六冊，台北：世界書局。
饒宗頤、曾憲通，一九八五，《楚帛書》，香港：中華書局。
顧炎武，一九七〇，《原抄本日知錄》，台北：明倫出版社。
顧詰剛，一九五七，《秦漢的方士與儒生》，上海：上海人民出版社。

Allen, J. P. 2005. *The Ancient Egyptian Pyramid Texts*. Atlanta, GA: Society of Biblical Literature.

Alster, Bendt, ed. 1980. *Death in Mesopotamia*. Copenhagen Studies in Assyriology 8. Copenhagen: Akademisk Forlag.

Assmann, Jan. 2005. *Death and Salvation in Ancient Egypt*. Ithaca, NY: Cornell University Press.

Baker, Ian S. 2003. "'Do Ghosts Exist?' A Summary of Parapsychological Research into Apparitional Experiences." In *Early Modern Ghosts*, ed. John Newton, 109-123. Durham, NC: Centre for Seventeenth-Century Studies.

Barvieri-Low, A. J. 2021. Ancient Egypt and Early China: State, Society, and Culture. Seattle: University of Washington Press.

Barbieri-Low, A. J., and Robin D. S. Yates. 2015. *Law, State, and Society in Early Imperial China: A Study with Critical Edition and Translation of the Legal Texts from Zhangjiashan Tomb No. 247*. Leiden: Brill.

Belayche, Nicole. 2007. "Religious Actors in Daily Life: Practices and Related Beliefs." In *A Companion to Roman Religion*, ed. Jörg Rüpke, 275-291. Oxford: Blackwell.

Bell, Catherine. 2004. "'The Chinese believe in spirits': Belief and Believing in the Study of Religion." In *Radical*

Interpretation in Religion, ed. Nancy K. Frankenberry, 100-116. Cambridge: Cambridge University Press.

Berger, Peter L. 1967. *The Sacred Canopy*. New York: Doubleday.

Bodde, Derk. 1975. *Festivals in Classical China*. Princeton, NJ: Princeton University Press.

Bokenkamp, Stephen. 1997. *Early Daoist Scriptures*. Berkeley: University of California Press.

Bottéro, Jean. 1983. "Les morts et l'au-delà dans rituels en accadien contre l'action des 'revenants,'" *Zeitschrift* für *Assyriologie* 73: 153-203.

Bottéro, Jean. 2001. *Religion in Ancient Mesopotamia*. Chicago: University of Chicago Press.

Braarvig, Jens. 2009. "The Buddhist Hell: An Early Instance of the Idea?" *Numen* 56.2-3: 254-281.

Brashier, K. E. 1996. "Han Thanatology and the Division of 'Souls.'" *Early China* 21: 125-158.

Bremmer, Jan N. 1983. *The Early Greek Concept of the Soul*. Princeton, NJ: Princeton University Press.

Bremmer, Jan N. 2002. *The Rise and Fall of the Afterlife*. London: Routledge.

Bujard, Marianne. 2009. "State and Local Cults in Han Religion." In *Early Chinese Religion, Part One: Shang through Han*（*1250 BC-220 AD*）, ed. John Lagerwey and Marc Kalinowski, 777-811. Leiden: Brill.

Cai Liang. 2013. *Witchcraft and the Rise of the Confucian State*. Albany: State University of New York Press.

Campany, Robert F. 1990. "Return-from-Death Narratives in Early Medieval China." *Journal of Chinese Religion* 18: 91-125.

Campany, Robert F. 1991. "Ghosts Matter: The Culture of Ghosts in Six Dynasties Zhiguai." *Chinese Literature: Essays, Articles, Reviews* 13: 15-34.

Campany, Robert F. 1995. *Strange Writing: Anomaly Accounts in Early Medieval China*. Albany: State University of New York Press.

Campany, Robert F. 2012. *Signs from the Unseen Realm: Buddhist Miracle Tales from Early Medieval China*. Honolulu: University of Hawai'i Press.

Campany, Robert F. 2017. "'Buddhism Enters China' in Early Medieval China." In *Old Society, New Belief: Religious Transformation of China and Rome, ca. 1st -6th Centuries*, ed. Mu-chou Poo, Harold Drake, Lisa Raphals, 13-34. New York: Oxford University Press.

Cedzich, Ursula-Angelika. 1993. "Ghosts and Demons, Law and Order: Grave Quelling Texts and Early Taoist Liturgy." *Taoist Resources* 4.2: 23-35.

Ch'en, Kenneth K. S. 1973. *Buddhism in China*. Princeton, NJ: Princeton University Press.

Chan, Leo T. K. 1998. *The Discourse on Foxes and Ghosts: Ji Yun and Eighteenth-Century Literati Storytelling*. Honolulu: University of Hawai'i Press.

Chan, Stephen Chingkiu. 1987. "The Return of the Ghostwomen: A Critical Reading of Three Sung Hua-pen stories." *Asian Culture Quarterly* 15.3: 47-72.

Chang, Kwang-chih. 1980. *Shang Civilization*. New Haven, CT: Yale University Press.

Chavannes, E. 1910. *Le T'ai Chan*. Paris: Leroux.

Cohen, Alvin P. 1982. *Tales of Vengeful Souls*. Taipei: Ricci Institute.

Connerton, Paul. 1989. *How Societies Remember*. Cambridge: Cambridge University Press.

Cooper, Jerrold S. 1992. "The Fate of Mankind: Death and Afterlife in Ancient Mesopotamia." In *Death and Afterlife: Perspectives of World Religions*, ed. Hiroshi Obayashi, 19-34. New York: Greenwood Press.

Cooper, Jerrold S. 2009. "Wind and Smoke: Giving up the Ghost of Enkidu, Comprehending Enkidu's Ghosts." In *Rethinking*

Ghosts in World Religions, ed. Mu-chou Poo, 23-32. Leiden: Brill.

Davies, Jon. 1999. *Death, Burial and Rebirth in the Religions of Antiquity*. London: Routledge.

Davis, Edward L. 2001. *Society and the Supernatural in Song China*. Honolulu: University of Hawai'i Press.

DeWoskin, Kenneth J. 1977. "The Six Dynasties *Chih-kuai* and the Birth of Fiction." In *Chinese Narrative: Critical and Theoretical Essays*, ed. Andrew Plaks, 21-35. Princeton, NJ: Princeton University Press.

DeWoskin, Kenneth. 1983. *Doctors, Diviners and Magicians of Ancient China: Biographies of Fang-shih*. New York: Columbia University Press.

Dickie. Mathew W. 2001. *Magic and Magicians in the Greco-Roman World*. London: Routledge.

Douglas, Mary. 1966. *Purity and Danger: An Analysis of the Concepts of Pollution and Taboo*. London: Routledge.

Dudbridge, Glen. 1995. *Religious Experience and Lay Society in T'ang China: A Reading of Tai Fu's Kuang-i chi*. Cambridge: Cambridge University Press.

Eno, Robert. 2009. "Shang State Religion and the Pantheon of the Oracle Texts." In *Early Chinese Religion, Part One: Shang through Han* （*1250 BC- 220 AD*）, ed. John Lagerwey and Marc Kalinowski, 39-102. Leiden: Brill.

Eyre, Christopher J. 2009. "Belief and the Dead in Pharaonic Egypt." In *Rethinking Ghosts in World Religions*, ed. Mu-chou Poo, 33-46. Leiden: Brill.

Felton, D. 1999. *Haunted Greece and Rome: Ghost Stories from Classical Antiquity*. Austin: University of Texas Press.

Feuchtwang, Stephan. 2001. *Popular Religion in China: The Imperial Metaphor*. Richmond, UK: Curzon Press.

Finucane, R. C. 1996. *Ghosts: Appearances of the Dead in Cultural Transformation*. Amherst, NY: Prometheus Books.

Forke, Alfred. 1962. *Lun Heng*. 2 vols. New York: Paragon Book Gallery.

Foster, Benjamin R. 1996. *Before the Muses.* Bethesda, MD: CDL Press.

Gardiner, A. H., and K. Sethe. 1928. *Egyptian Letters to the Dead, Mainly from the Old and Middle Kingdoms*. London: Egypt Exploration Society.

Garland, Robert. 1985. *The Greek Way of Death*. Ithaca, NY: Cornell University Press.

Geertz, Clifford. 1973. *The Interpretation of Cultures*. New York: Basic Books.

Goedicke, Hans. 1970. *The Report about the Dispute of a Man with His Ba: Papyrus Berlin 3024*. Baltimore, MD: Johns Hopkins University Press.

Halbwachs, Maurice. 1992. *On Collective Memory*. Chicago: University of Chicago Press.

Harper, Donald. 1985. "A Chinese Demonography of the Third Century B.C." *Harvard Journal of Asiatic Studies* 45: 459-498.

Harper, Donald. 1994. "Resurrection in Warring States Popular Religion." *Taoist Resources* 5.2: 13-28.

Harper, Donald. 1996. "Spellbinding." In *Religion of China in Practice*, ed. Donald S. Lopez, Jr., 241-250. Princeton, NJ: Princeton University Press.

Harper, Donald. 1998. *Early Chinese Medical Literature: The Mawangdui Medical Manuscripts* London: Kegan Paul.

Harper, Donald. 2004. "Contracts with the Spirit World in Han Common Religion: The Xuning Prayer and Sacrifice Documents of A.D. 79." *Cahiers d'Extrême-Asie* 14: 227-267.

Harper, Donald, and Marc Kalinowski, eds. 2017. *Books of Fate and Popular Culture in Early China: The Daybook Manuscripts of the Warring States, Qin, and Han*. Leiden: Brill.

Harrell, C. Stevan. 1974. "When a Ghost Becomes a God." In *Religion and Ritual in Chinese Society*, ed. Arthur P. Wolf, 193-

206. Stanford, CA: Stanford University Press.

Hawkes, David. 1959. *Chu Tzu: The Songs of the South, an Ancient Chinese Anthology*. Oxford: Clarendon Press.

Holcombe, Charles. 1994. *In the Shadow of the Han*. Honolulu: University of Hawai'i Press.

Holzman, Donald. 1956. "Les sept sages de la forêt des bambous et la société de leur temps."*T'oung Pao* 44.4-5: 317-346.

Holzman, Donald. 1957. *La vie et la pensée de Hi Kang（223-262 Ap. J.-C.）*. Leiden: Brill.

Holzman, Donald. 1976. *Poetry and Politics: The Life and Works of Juan Chi, A.D. 210-263*. Cambridge: Cambridge University Press.

Huang, Po-chi. 2009. "The Cult of Vet la and Tantric Fantasy." In *Rethinking Ghosts in World Religions*, ed. Mu-chou Poo, 211-236. Leiden: Brill.

Jacobsen, Th. 1976. *The Treasure of Darkness: A History of Mesopotamian Religion*. New Haven, CT: Yale University Press.

Johnston, Sara Iles. 1999. *Restless Dead: Encounter between the Living and the Dead in Ancient Greece* Berkeley: University of California Press.

Kalinowski, Mark. 1986. "Les traités de Shuihudi et l'hémérologie chinoise à la fin des Royaumes combattants." *T'oung Pao* 72: 174-228.

Kang, Xiaofei. 2006. *The Cult of the Fox: Power, Gender, and Popular Religion in Late Imperial and Modern China*. New York: Columbia University Press.

Kao, Karl S. Y., ed. 1985. *Classical Chinese Tales of the Supernatural and the Fantastic*. Bloomington: Indiana University Press.

Kees, Hermann. 1926. *Totenglauben und Jenseitsvorstellungen der Alten* Ägypter. Leipzig: J. C. Hinrichs.

Kieschnick, John. 1997. *The Eminent Monk*. Honolulu: University of Hawai'i Press.

Kieschnick, John. 2003. *The Impact of Buddhism on Chinese Material Culture*. Princeton, NJ: Princeton University Press.

King, Charles W. 2009. "The Roman Manes: The Dead as Gods." In *Rethinking Ghosts in World Religions*, ed. Mu-chou Poo, 95-114. Leiden: Brill.

Kinney, Anne B., ed. 1995. *Chinese Views of Childhood*. Honolulu: University of Hawai'i Press.

Kleeman, Terry F. 2016. *Celestial Masters: History and Ritual in Early Daoist Communities*. Cambridge, MA: Harvard University Asia Center.

Lagerwey, John, and Marc Kalinowski, eds. 2009. *Early Chinese Religion, Part One: Shang through Han* （*1250 BC-220 AD*）. Leiden: Brill.

Lagerwey, John. 1987. *Taoist Ritual in Chinese Society and History*. New York: Macmillan.

Lagerwey, John. 2010. *China, a Religious State*. Hong Kong: Hong Kong University Press.

Lai Chi-tim. 1998. "The Opposition of Celestial-Master Taoism to Popular Cults during the Six Dynasties," *Asia Major* 3rd Series, 11.1: 1-20.

Lai Goulong. 2015. *Excavating the Afterlife: The Archaeology of Early Chinese Religion*. Seattle: University of Washington Press.

Lee, Jen-der. 1993. "The Life of Women in the Six Dynasties." *Journal of Women and Gender Studies* 4: 47-80.

Legge, James. 1960. *The Chinese Classics*. 5 vols. Hong Kong: Hong Kong University Press.

Lichtheim, Miriam. 1973. *Ancient Egyptian Literature*, vol. 1. Berkeley: University of California Press.

Lichtheim, Miriam. 1976. *Ancient Egyptian Literature*, vol. 2. Berkeley: University of California Press.

Lichtheim, Miriam. 1980. *Ancient Egyptian Literature*, vol. 3. Berkeley: University of California Press.

Lin Fu-shih. 2009. "The Image and Status of Shamans in Ancient China." In *Early Chinese Religion, Part One: Shang through Han*（*1250 BC-220 AD*）, ed. John Lagerwey and Marc Kalinowski, 397-458. Leiden: Brill.

Loewe, Michael, and D. Twitchett, eds. 1986. *Cambridge History of China*, vol. 1: *The Ch'in and Han Empires, 221 B.C.-A.D. 220*. Cambridge: Cambridge University Press.

Loewe, Michael, ed. 1993. *Early Chinese Texts: A Bibliographical Guide.* Berkeley: University of California Press.

Loewe, Michael. 1974. *Crisis and Conflict in Han China*. London: George Allen & Unwin.

Loewe, Michael. 2012. "Confucian Values and Practices in Han China." *T'oung Pao* 98, Fasc. 1/3（2012）: 1-30.

Marsili, Filippo. 2018. *Heaven Is Empty: A Cross-Cultural Approach to "Religion" and Empire in Ancient China*. Albany: State University of New York Press.

Mikalson, Jon D. 1983. *Athenian Popular Religion*. Chapel Hill: University of North Carolina Press.

Mollier, Christine. 2006. "Visions of Evil: Demonology and Orthodoxy in Early Daoism." In *Daoism in History, Essays in Honour of Liu Ts'un-yan*, ed. Benjamin Penny, 74-100. London: Routledge.

Mollier, Christine. 2008. *Buddhism and Taoism Face to Face*. Honolulu: University of Hawai'i Press.

Nylan, Michael. 1982. "Ying Shao's Feng Su T'ung Yi: An Exploration of Problems in Han Dynasty Political, Philosophical and Social Unity." PhD dissertation, Princeton University.

Nylan, Michael. 2001. *The Five "Confucian" Classics*. New Haven, CT: Yale University Press.

Ogden, Daniel. 2001. *Greek and Roman Necromancy*. Princeton, NJ: Princeton University Press.

Ogden, Daniel. 2002. *Magic, Witchcraft, and Ghosts in the Greek and Roman World: A Sourcebook.* Oxford: Oxford

University Press.

Pirazzoli-T'Serstevens, Michèle. 2009. "Death and the Dead: Practices and Images in the Qin and Han," in *Early Chinese Religion, Part One: Shang through Han*（*1250 BC-220 AD*）, ed. John Lagerwey and Marc Kalinowski, 949-1026. Leiden: Brill.

Poo, Mu-chou, ed. 2009a. *Rethinking Ghosts in World Religions*. Leiden: Brill.

Poo, Mu-chou, Harold Drake, and Lisa Raphals, eds. 2017. *Old Society, New Belief: Religious Transformation of China and Rome, ca. 1st -6th Centuries*. Oxford: Oxford University Press.

Poo, Mu-chou. 1993b. "Popular Religion in Pre-Imperial China: Observations on the Almanacs of Shui-hu-ti." *T'oung Pao* 79: 225-248.

Poo, Mu-chou. 1995. "The Images of Immortals and Eminent Monks: Religious Mentality in Early Medieval China." *Numen* 42: 172-196.

Poo, Mu-chou. 1997. "The Completion of an Ideal World: The Human Ghost in Early Medieval China." *Asia Major* 10: 69-94.

Poo, Mu-chou. 1998. *In Search of Personal Welfare*. Albany: State University of New York Press.

Poo, Mu-chou. 2000. "Ghost Literature: Exorcistic Ritual Texts or Daily Entertainment?" *Asia Major* 3rd series, 13.1: 43-64.

Poo, Mu-chou. 2004. "The Concept of Ghost in Ancient Chinese Religion." In *Chinese Religion and Society*, vol. 1, ed. John Lagerwey, 173-191. Hong Kong: Chinese University Press.

Poo, Mu-chou. 2005a. *Enemies of Civilization: Attitudes toward Foreigners in Ancient Mesopotamia, Egypt, and China*. Albany: State University of New York Press.

Poo, Mu-chou. 2005b. "A Taste of Happiness: Contextualizing Elixirs in Baopuzi." In *Of Tripod and Palate: Food, Politics, and Religion in Traditional China*, ed. Roel Sterckx, 123-39. New York: Palgrave.

Poo, Mu-chou. 2009b. "The Culture of Ghost in the Six Dynasties." In *Rethinking Ghosts in World Religions*, ed. Mu-chou Poo, 237-67. Leiden: Brill.

Poo, Mu-chou. 2011."Preparation for the Afterlife in Ancient China."In *Mortality in Traditional Chinese Thought*, ed. Philip J. Ivanhoe and Amy Olberding, 13-36. Albany: State University of New York Press.

Poo, Mu-chou. 2014. "Religion and Religious Life of the Qin." In *Birth of an Empire: The State of Qin Revisited*, ed. Yuri Pines et al., 187-205. Berkeley: University of California Press.

Poo, Mu-chou. 2017a. "The Taming of Ghosts in Early Chinese Buddhism." In *Old Society, New Belief: Religious Transformation of China and Rome, ca. 1st -6th Centuries*, ed. Mu-chou Poo, Harold Drake, and Lisa Raphals, 165-181. Oxford University Press.

Poo, Mu-chou. 2017b. "Early Chinese Afterlife Beliefs and Funerary Practices." In *Routledge Companion to Death and Dying*, ed. Christopher Moreman, 163-172. London: Routledge.

Poo, Mu-chou. 2018a. *Daily Life in Ancient China*. Cambridge: Cambridge University Press.

Poo, Mu-chou. 2018b. "Death and Happiness: Han China." In *Cultivating a Good Life in Early Chinese and Ancient Greek Philosophy: Perspectives and Reverberations*, ed. Kayrn Lai, Rick Benitez, and Hyun Jin Kim, 237-251. London: Bloomsbury.

Puett, Michael. 2009. "Combining the Ghosts and Spirits, Centering the Realm: Mortuary Ritual and Political Organization in the Ritual Compendia of Early China." In *Early Chinese Religion, Part One: Shang through Han*（*1250 BC-220 AD*）, ed. John Lagerwey and Marc Kalinowski. Leiden: Brill, 695-720.

Robinet, Isabel. 1997. *Taoism, Growth of a Religion*. Stanford, CA: Stanford University Press.

Rohde, Erwin. 1925. *Psyche: The Cult of Souls and Belief in Immortality among the Greeks*. New York: Harper & Row.

Rüpke, Jörg, ed. 2007. *A Companion to Roman Religion*. Oxford: Blackwell.

Russell, C. 1994. "Revelation and Narrative in the Zhoushi Mingtongji." *Early Medieval China* 1: 34-59.

Schipper, Kristofer, and Franciscus Verellen, eds. 2004. *The Taoist Canon: A Historical Companion to the Daozang*. 3 vols. Chicago: University of Chicago Press.

Schipper, Kristofer. 1993. *The Taoist Body*. Berkeley: University of California Press.

Schmitt, Jean-Claude. 1998. *Ghosts in the Middle Ages: The Living and the Dead in Medieval Society*. Chicago: University of Chicago Press.

Shih, Vincent Y. C. 1983. *The Literary Mind and the Carving of Dragons*. Hong Kong: Chinese University Press.

Sivin, Nathan. 2000. *Science and Civilisation in China*, vol. 6, part 6: *Medicine*. Cambridge: Cambridge University Press.

Steele, John. 1917. *The I-Li or Book of Etiquette and Ceremonial*. 2 vols. London: Probsthain & Co.

Stein, Rolf A. 1979. "Religious Daoism and Popular Religion from the Second to Seventh Centuries." In *Facets of Taoism*, ed. H. Welch and A. Seidel, 53-81. New Haven, CT: Yale University Press.

Sterckx, Roel. 2011. *Food, Sacrifice, and Sagehood in Early China*. Cambridge: Cambridge University Press.

Strickmann, Michel. 2002. *Chinese Magical Medicine*. Stanford, CA: Stanford University Press.

Sturdwick, Nigel C. 2005. *Texts from the Pyramid Age*. Atlanta, GA: Society of Biblical Literature.

Taylor, J. B. 2010. *Ancient Egyptian Book of the Dead*. London: British Museum.

Teiser, Stephen F. 1985. "T'ang Buddhist Encyclopedias: An Introduction to Fa-yuan chu-lin and Chu-ching yao-chi." *T'ang Studies* 3: 109-128.

Teiser, Stephen F. 1988. *The Ghost Festival in Medieval China.* Princeton, NJ: Princeton University Press.

Tian, Xiaofei. 2010. "From the Eastern Jin through the early Tang（317-649）." In *The Cambridge History of Chinese Literature*, vol. 1, ed. Kang-I Sun Chang and Stephen Owen, 199-285. Cambridge: Cambridge University Press.

Todorov, Tzvetan. 1975. *The Fantastic: A Structural Approach to a Literary Genre*. Ithaca, NY: Cornell University Press.

Troche, Julia. 2018. "Letters to the Dead." *UCLA Encyclopedia of Egyptology*（September）.

Tsien, Tsuen-hsuin. 1962. *Written on Bamboo and Silk: The Beginnings of Chinese Books and Inscriptions*. Chicago: University of Chicago Press.

Vermeule, Emily. 1979. *Aspects of Death in Early Greek Art and Poetry*. Berkeley: University of California Press.

Von Glahn, Richard. 2004. *The Sinister Way: The Demonic and the Divine in Chinese Religious Culture.* Berkeley: University of California Press.

Wan, Sze-kar. 2009. "Where Have All the Ghosts Gone? Evolution of a Concept in Biblical Literature." In *Rethinking Ghosts in World Religions*, ed. Mu-chou Poo, 47-76. Leiden: Brill.

Wan, Sze-kar. 2017. "Colonizing the Supernatural: How Daim n Became Demonized in Late Antiquity." In *Old Society, New Belief: Religious Transformation of China and Rome, ca. 1st -6th Centuries*, ed. Mu-chou Poo, Harold Drake, and Lisa Raphals. 147-164. Oxford University Press.

Ware, James R. 1966. *Alchemy, Medicine, Religion in the China of A.D. 320: The Nei P'ien of Ko Hung*（*Pao-p'u-tzu*）. Boston: MIT Press.

Watson, James L. 1988. "The Structure of Chinese Funerary Rites: Elementary Forms, Ritual Sequence, and the Primacy of Performance." In *Death Ritual in Late Imperial and Modern China*, ed. James L. Watson and Evelyn Rawski, 3-19. Berkeley: University of California Press.

Wechsler, H. J. 1985. *Offering of Jade and Silk: Ritual and Symbol in the Legitimation of the T'ang Dynasty*. New Haven, CT: Yale University Press.

Wente, Edward. 1990. *Letters from Ancient Egypt*. Atlanta, GA: Scholar Press.

Wolf, Arthur. 1974. "Gods, Ghosts, and Ancestors." In *Religion and Ritual in Chinese Society*, ed. Arthur Wolf, 193-206. Stanford, CA: Stanford University Press.

Yu, Anthony C. 1987. "Rest, Rest, Perturbed Spirit! Ghosts in Traditional Chinese Prose Fiction." *Harvard Journal of Asiatic Studies* 47.2: 397-434.

Yu, Ying-shih. 1987. "O Soul Come Back! A Study in the Changing Conceptions of the Soul and Afterlife in Pre-Buddhist China." *Harvard Journal of Asiatic Studies* 47.2: 363-395.

Žabkar, Louis V. 1968. *A Study of the Ba Concept in Ancient Egyptian Texts*. Chicago: University of Chicago Press.

Zandee, Jan. 1960. *Death as an Enemy*. Leiden: Brill.

Zeitlin, Judith. 1993. *Historian of the Strange: Pu Songling and the Chinese Classical Tale*. Stanford, CA: Stanford University Press.

Zeitlin, Judith. 2007. *The Phantom Heroine: Ghosts and Gender in Seventeenth-Century Chinese Literature*. Honolulu: University of Hawai'i Press.

Zürcher, Erik. 1980. "Buddhist Influence on Early Taoism: A Survey of Scriptural Evidence." *T'oung Pao* 66: 84-147.

Zürcher, Erik. 2007. *The Buddhist Conquest of China*. Leiden: Brill.

索引

六劃

七劃

九劃

十劃

十一劃

十二劃

十三劃

十四劃

十五劃

十六劃

十七劃

十八劃

十九劃

二十一劃

二十四劃

中國古代的鬼魂與宗教生活

2024年1月初版　　定價：新臺幣420元
2024年6月初版第三刷

著　　者	蒲　慕　州
譯　　者	黃　咨　玄
叢書主編	沙　淑　芬
內文排版	菩　薩　蠻
校　　對	吳　美　滿
封面設計	沈　佳　德

出　版　者	聯經出版事業股份有限公司
地　　　址	新北市汐止區大同路一段369號1樓
叢書主編電話	(02)86925588轉5310
台北聯經書房	台北市新生南路三段94號
電　　　話	(02)23620308
郵政劃撥	帳戶第0100559-3號
郵撥電話	(02)23620308
印　刷　者	世和印製企業有限公司
總　經　銷	聯合發行股份有限公司
發　行　所	新北市新店區寶橋路235巷6弄6號2樓
電　　　話	(02)29178022

副總編輯	陳　逸　華
總　編　輯	涂　豐　恩
總　經　理	陳　芝　宇
社　　長	羅　國　俊
發　行　人	林　載　爵

行政院新聞局出版事業登記證局版臺業字第0130號

本書如有缺頁，破損，倒裝請寄回台北聯經書房更換。　ISBN 978-957-08-7155-5 (平裝)
聯經網址：www.linkingbooks.com.tw
電子信箱：linking@udngroup.com

國家圖書館出版品預行編目資料

中國古代的鬼魂與宗教生活/蒲慕州著．黃咨玄譯．
初版．新北市．聯經．2024年1月．280面．14.8×21公分
ISBN 978-957-08-7155-5（平裝）
[2024年6月初版第三刷]

1.CST：民間信仰 2.CST：鬼神 3.CST：文化研究
4.CST：中國

215.82　　112017759